個性派ビストロの
魚介料理

"旨いもの好き"の舌とハートをがっちりつかんで
超人気のお店のシェフが、魚介料理を紹介する本です。
鮮度を守る仕込みの技術、風味を引き出すユニークなアプローチ、
おいしさ本位のプレゼンテーション……目からウロコが落ちるかも。
魚介のおいしさ、もっと掘り下げていきましょう。
なんたって、魚の風味を楽しむ感性は、日本人の才能みたいなもの。
食べる人にも、つくる人にも、魚介は可能性の宝庫です。

クリスチアノ　Cristiano's

太刀魚とエビイモとエンドウ豆のサラダ　14

バカリャウとブロアのオーブン焼き　17

アジの干物とジャガイモのボイル　18

マグロとパイナップルとサラミのピンチョス　20

イワシを詰めたトマトのサラダ　21

マグロとムシャマとメロン　22

ムール貝とキュウリのサラダ　23

マグロの血合いと卵の白身のマリネ　24

青リンゴと焼きイワシのパテ　25

マグロほほ肉とペコロスのマリネ　26・28

つぶ貝と青豆と豚ばら肉の煮込み　27・29

魚の内臓コロッケ　27・29

イカとピゼリーニとミントのあえもの　30

サザエとサツマイモのマデイラ酒マリネ　31

サーモンと生ハムのマリネ　32

真子のエスカベシュ　33

魚と野菜のシャモサ　34・36

真ダラ白子、ケイパーとニンニクのマリネ　34・37

佐藤幸二 ——— 9

キヌア、青野菜、レモン、カナガシラの炒め　35・37

魚と野菜、カシューナッツとココナッツミルクあえ　38

カレー風味のカルデイラーダ　39

カキと白インゲン豆と鶏肉のフェイジョアーダ　40・42

マコガレイの卵黄入りグラタン　40・42

ぼたん海老と黒つぶ貝のマデイラ酒炒め　41・43

アサリと豚ばら肉のアレンテージョ風　44・46

ヤリイカと豚ばら塩漬けのイカ墨煮込み　45・47

豚ばら肉入り大アサリのリゾット　48

海老のブロシェット　49

タコのラガレイロとげんこつポテト　50

あん肝のオーブン焼き　52・54

貝とチョリソのシャーレムスープ　53・55

カスベの白ワイン煮込み　53・55

ワインショップ&ダイナー
フジマル浅草橋店　　FUJIMARU

山田武志 ──── 57

メヒカリのベニェ　62

チャンポコ貝の海水ゆで　63

イシダイのカルパッチョ、内臓の燻製添え　64

ヒラマサのカルパッチョ　66

炙りイサキと新玉ネギのサラダ　67

アカアワビのやわらか煮　68

トコブシのエシャロットオイル添え　69

クロアワビと肝のタプナード、フリット添え　70

伊勢エビの湯引き、ビーツと生姜のコンディマン　72・74

姫ハマグリの香草バター蒸し、
タケノコとホワイトアスパラ　73・75

コワタと剣先イカのトマト煮込み　76・78

アオリイカのフリット　77・79

ヤリイカとピーマンの温製サラダ　77・79

ガスエビの炙り、レモングラスのコンディマンあえ　80

姫サザエと砂肝のマリネ　82

筒切りスズキのスパイス揚げ　84

寒グレと白子のポワレ、
生姜とプチトマトのコンディマン　85

アカアンコウのムニエル、タイ風ブイヨン煮　86

ホタテのカダイフ包み揚げ、レモングラスの香り　88

真アジとポテトのマリネ　89

ズワイガニのグラタン　90

焼きガキ生ハム添え、ホワイトバルサミコ風味　91

サンマの燻製、肝のコンディマン　92

真ダコとキノコのアヒージョ　94

サーモンマリネとホタテの燻製、
マンゴーのコンディマン添え　96・98

新玉ネギのロースト、ホタルイカとフキノトウ　96・99

カキの燻製と桜肉のタルタル　97・99

オマールドック　100・102

小エビと豚足のラグー、粒マスタード風味　101・103

コワタの燻製とホタルイカのクスクス仕立て　104・105

撮影　天方晴子　　デザイン　矢内 里、相田浩子（日本デザインセンター）　　編集　木村真季

アタ　　Äta

真鱈のブランダード　110

あん肝テリーヌ　112

ニシンのピクルス　113

鯖の生ハム、水牛のモッツァレッラ　114

鯵のなめろう　115

カニのワカモレ　116

秋刀魚のリエット　117

ホタルイカと菜の花のお米サラダ　118

ソフトシェル伊勢えびのオリエンタルシュリンプ　119

ツブ貝・春キャベツ　120・122

殻付きカキフライ　121・123

帆立とキノコのパピヨット　121・122

蕗のとうのフリット、桜鰯　124・126

いさき・空豆・ムール貝　124・126

桜えびのタルトフランベ　125・127

ホワイトアスパラガスのトリュフチャウダー　128

鯛とタケノコとジャガイモのユダヤ風　129

鮎の塩パン包み焼き　130・132

掛川哲司　　107

ブイヤベース　131・133

鰯のガスパチョ　134

帆立とサマートリュフのエクラゼ　135

セウタ　136

穴子とフォワグラ田楽　138・140

あんこうのアスピック　138・141

マグロの"うなじ"　139・141

ミンク鯨肉のタルタル　142

あんこうのほっぺ　143

白子のフリット　144

テット・ド・フロマグロ
（マグロあご肉の揚げテリーヌ）　146

レシピについて

・「1皿分」の量は、各店の実際の提供サイズに準じています。1人分とは限らず、何人かでの取り分けも想定されています。

・一部の材料の分量は、表記を省略しています。

・材料の分量、加熱時間、火力は、素材の状態や調理器具等の条件によって変わってきます。表記されているものは、「目安」として参考にしてください。

ポルトガル料理&ワインバー
クリスチアノ
Cristiano's

佐藤幸二
Koji Sato

東京で料理の道に入り、20歳で渡欧。野菜と魚介の現代料理で知られるミラノの「ジョイア」をはじめイタリア、フランス、イギリス各地のレストランで働きながら、ヨーロッパの文化とアート全般への興味を深める。その後タイへ。帰国後はレストラン事業会社に入社し、全国の生産地とのネットワークづくり、「アロッサ」（東京・渋谷）の運営、「ワカヌイ」（同・麻布十番）の企画立案、メニューづくりに参加。独立にあたり「ポルトガルの料理とワイン」をテーマとして構想し、2010年に「クリスチアノ」を開業。'13年にはエッグタルト専門店「ナタ・デ・クリスチアノ」、'14年に魚介料理専門店「マル・デ・クリスチアノ」（いずれも同・代々木公園）を開く。同年、北部タイ料理の「パッポン・キッチン」（同・渋谷）を開店。

クリスチアノ
東京都渋谷区富ヶ谷1-51-10
03-5790-0909
http://www.cristianos.jp

ワインショップ＆ダイナー
フジマル浅草橋店
FUJIMARU

山田武志
Takeshi Yamada

調理師学校を卒業後、魚介の独創料理で知られる「ヌキテパ」（東京・五反田）に入店。現在までつながる"魚介の扱い方の基本"をここで学ぶ。のち、「ザ・ジョージアンクラブ」（東京・六本木）等を経て、2007年にパリに渡り、アジア食材を自在に使いこなすウィリアム・ルドゥイユ氏のレストラン、「ズ・キッチン・ギャラリー」で1年間修業。帰国後「グレープ・ガンボ」（東京・銀座）の料理長を経て、開業準備中の「フジマル浅草橋店」料理長に就任。'14年4月にオープンした同店は、大阪を拠点とする「ワインショップ フジマル」の東京進出第1号店。ワインショップを併設する、13時から22時まで通し営業の"食とワインの発信基地"として、昼下がりの軽い1杯からディナーまで、幅広い利用にこたえる。

フジマル浅草橋店
東京都中央区東日本橋2-27-19 Sビル2F
03-5829-8190

http://www.papilles.net/

魚介が主役のカジュアルフレンチ
アタ
Äta

掛川哲司
Satoshi Kakegawa

18歳で料理の道へ。「オーベルジュ・オー・ミラドー」（箱根）で4年間、「レ・クレアシオン・ド・ナリサワ」（現「ナリサワ」／東京・南青山）で3年間修業。現代料理の最先端で長く研鑽を積みつつ、独立にあたっては"つくる人も食べる人も、自然体でいられる空間"を構想し、2011年12月に「アタ」を開店した。そのコンセプトは"港のビストロ"。毎日黒板に書き出される20品前後の料理のうち約15品が魚介料理。超高級魚から大衆魚まで隔てなく、幅広く、ブイヤベースのようなフレンチの定番、魚でつくるリエットや生ハム、日本の魚料理をフランス料理的視点で昇華させたもの…と、「おいしく、わかりやすく、楽しく」料理を展開する。店名は、スウェーデン語で「食べる」の意味。

アタ
東京都渋谷区猿楽町2-5 1F
03-6809-0965

http://ata1789.com/

Cristiano's
クリスチアノ

佐藤幸二

　最初からポルトガル料理を目指したわけではないんです。ヨーロッパやアジアの各地で暮らし、レストランビジネスの経験も積んで、自分自身が本当にやりたい店を考えたとき、ポルトガル料理に答えを見つけてしまった。魚介がとにかく豊富。どれもが素材をナチュラルに生かす使い方。素朴なのに素朴という以上のおいしさがあり、日本人にとってなんとも魅力的。ムスリムやアジアからの影響も受けていて、ベジタリアン料理もすごくおいしい。でも、日本ではほとんど知られていません。ライバルがいないわけで、それだけ可能性も大きいと思いました。

　店づくりの第一歩は食材づくりです。輸入品より安く、本場よりも旨い食材をつくること。サラミやチョリソ、発酵調味料……今までの経験を総動員し、現地の書物を読みあさり、失敗を繰り返してつくってきました。食材、発酵、熟成…日々変わる状態に向き合うことで、ポルトガル料理の考え方もより深く見えるようになった気がします。

ポルトガルの魚介料理

　ポルトガル料理は、魚介料理のバリエーションが豊かです。生活感あふれる素直な料理が魅力的で、（アジの干物やイワシの塩焼きがあることでも有名ですが）、魚介好きの日本人の感性に響くものがとても多い。クリスチアノのカルトは、魚介と野菜や豆のあえもの、スープやごはんもの、煮込みや炭火焼き…など、常時10種類以上をのせています。

　その特徴は、「素材自身の水分を利用した最短の加熱で、ナチュラルな風味を最大限引き出す」ところにあると理解しています。グツグツ長時間煮こんだり、煮詰めて凝縮したりというシーンはほとんどありません。火入れがシンプルだからこそ魚の水分コントロールが要で、最初にふる塩の量、マリネ時間、火入れの温度や長さの精度を重視しています。

　また、おもしろいのはアサリと塩漬け豚ばら肉、マグロとチョリソなど、魚介と肉を組み合わせた料理が多いこと。豚の脂身の香り、熟成から生まれる香りによって、魚介の風味をより鮮明にきわだてる使い方がいろいろあります。

魚介の香りを引き出す、オリジナル密閉加熱法

　この店の、魚介のベーシックな火入れ方法です。塩をふって軽くマリネしておいた魚介をビニール袋に入れ、かるく密閉して、低温でゆでて加熱するというもの。いわば簡易版の真空調理です。魚の香りと旨みを逃さず、魚の身にもコストにも負担をかけず、ふんわりと火を入れることができます。

　前菜のバリエーションには、ゆでた魚介を豆や野菜とあえたり、さっと炒め合わせる料理が多いのですが、この方法で魚介の風味をパワフルに引き出すと、ハーモニーもイキイキとしてきます。イワシやトビウオ、サーモンなど、身のやわらかいタイプにはとくに向く加熱方法です。もちろん、鮮度がよく香りよい素材であること、あらかじめ適切な加減で水分をぬくことが、香りよい仕上がりの大前提です。

アジをゆでる

掃除したアジ（ウロコ、ヒレ、内臓を除き、背と腹に切り目を入れて脇の骨を抜く）の皮を引き、塩をふる。

ビニール袋に入れて、中の空気を吸い出す。この後しばらくして密閉し、口をつけた端の部分を鋏で切る。

もう1枚の袋に入れて二重にし、同様に空気を吸い出し、しばって、端を切る。

42℃の湯で20分間加熱する。浮かんでこないよう、袋の上にざるをかぶせる。

引き上げて、すぐに氷水にとる。

ふんわりと火が入った身。あえもの用に手でほぐす。香りがとびやすい青魚も、こうして加熱すると新鮮な香りが身に残る。

魚の旨みを強調する、さかな塩

　発酵食品や熟成加工品は、"ポルトガルの味"の核ともいえる重要ファクター。クリスチアノの熟成室では、バカリャウ（マダラの塩漬け）、サラミやチョリソやベーコン、チーズ、発酵調味料を自家製しています。自分でつくれば、ベストな旨みと水分量のバカリャウを使えますし、酸化防止剤によるエグミのないチョリソやサラミには肉本来の旨みが生きていて、魚介に出合わせたときの香りの開き方が違ってきます。

　バカリャウづくりから派生して、魚の旨みが詰まった「さかな塩」もつくっています。最近はシーズニング食材のおもしろさにもハマり中で、これもそのひとつ。たとえば焼き魚の仕上がりにふるだけで、魚の風味の輪郭がきわだち、キリッとしたインパクトが生まれます。日本の魚のやさしい風味を強調してくれます。

　材料は、マダラのアラと極粗の粒塩。塩で3日間漬け込んで、出てきた水分から2種類のさかな塩を作り分けます。出た水を静置して沈殿物と上澄みに分け、沈殿物を天日乾燥させて焼き魚などのふり塩用に。上澄みはどろどろになるまで煮詰め、煮込み料理やリゾット、魚ソーセージの味つけに使います。塩自体に旨みと熟成感があり、料理の味に厚みがつけます。

塩漬け・脱水を終えて、熟成中のバカリャウ。表面が白いのは、表面に浮いた水分が乾いて塩が吹いているから。この状態を維持しながら熟成させる。

さかな塩2種

ふり塩用のさかな塩（A）。焼き魚の仕上がりにひとふりすると、旨みが引き締まり、香りが立ってくる。

煮込み用さかな塩（B）。煮込み料理やリゾット、ソーセージの仕込みにも使う。

さかな塩の仕込み

マダラのアラ15kgを粒の大きい粗塩1.5kgで、3日間塩漬けすると、大量の水が出る。それを漉して1～2日間静置した後の、「上澄み」。

アラから出た水の沈殿部分を天日で乾燥、再結晶させた塩。塩分はまろやかで、旨みがある。

ムーランで荒めに挽く（→A）。

広口の鍋に入れ（効率よく水分をとばすため）、中火にかける。

煮詰まるにつれ、鍋肌に塩がつくので、こそげ落として溶かす。

焦げないように随時混ぜながら、水分がほぼなくなるまで煮詰める。この後、冷蔵庫で保存し、2日間ねかせてから使用する（→B）。

「ポルトガル風味」のベースとなる野菜

ニンニク
ポルトガルのニンニクは匂いも刺激もかなり強め。国産ものはマイルドなので、炒めすぎて香りをとばさないよう、さっと加熱して香りをオイルに移します。

トマト
玉ネギのソフリートと並んでよく使いますが、トマト味は前面に出さないのが特徴。その酸味とコクで魚介の風味を引き立てる、軽めの使い方です。

玉ネギ
煮込み料理の旨みのベース。煮込み自体の加熱時間はそれほど長くないので、あらかじめ加熱した「ソフリート」を用意しておきます。

コリアンダーの葉（パクチー）
とくに南部の地方では「基本のハーブ」と言えるくらい、料理の仕上がりにじつによく使います（北に行くと、イタリアンパセリの印象が強くなります）。

赤パプリカ（肉厚ピーマン）
ある種の煮込み料理では、赤ピーマンのコクと旨みが味のベースになります。とくに重要な存在が、その果肉を塩漬け発酵させてペーストにしたマッサ・ダ・ピメンタオン（つくり方はp.13）。味噌や醤油のような感覚で、さまざま料理の下味に、またこれ自体をソースとして多用します。

玉ネギのソフリートの仕込み

1cm角に切った玉ネギを鍋に入れ、少量の塩、オリーブ油を加えて手でよく混ぜる。

生のローリエを1枚入れ、落し蓋→鍋蓋をかぶせ中火にかける。途中で1度かき混ぜる。完全に火が入ったら、蓋をはずして水分をとばす。ここまで約30分間。

玉ネギのソフリート（左）と、トマトの粗切り（右）。この状態で営業時にスタンバイ。

きれいに揃えすぎない

　日本では、魚でも野菜でもシャープに切り揃えることをヨシとしがちですが、粗く切るほうがよいこともあります。断面の"エッジを立たせず"あえて荒れるように切ると、舌にあたる面積が増え、口に入れた瞬間の香りと旨みが強くなる。繊維がこわれているので、他の素材や調味料とのからみもよくなります。包丁で切らずにおろし器を使う、手でちぎる、魚なら身をむしることは、素材の風味を強調するひとつの方法です。同じことが混ぜ方や味の構成についても言えます。完全に混ぜるのではなく、ざっと混ぜる。サイズや割合を変える。味や舌触りにあえてデコボコをつくる、"ツブを立てる"ことで、ひとくちの表現は豊かになり、飽きのこないおいしさになります。

しりしり器を使ったせん切り

アスパラガスの根元の繊維のかたい部分を切り落とし、しりしり器（四角おろしの丸穴）でおろす。

舌触りの粗い、せん切りに。口に入れた瞬間からアスパラガスの香りが広がる。すぐに他の材料とあえる。

トマトは湯むきせず、皮を焼く

1. トマト一般の下処理。皮をむくときは、直火で皮を焼く。焼いたら30秒間ほど休ませる。

2. 指でつるっとなぞって皮をむく。香りが逃げるので水を使わないこと。焦げた皮のカスがちょっと残るくらいのほうが、香ばしさがあってよい。

3. 果肉を手で割り、ちぎる。

4. サラダやあえものなど、トマトそのものを食べる場合はこの方法で。

基本の調味料

塩 「瀬戸のあらじお」を基本的に使用。一部の場合（密閉加熱する魚の下味など）に、塩気が強く、素材への浸透力が顕著なポルトガル産の塩を使っている。

E.V.オリーブ油 ポルトガル産を使用。

パプリカオイル オリーブ油1Lに、パプリカパウダー50gを1日間漬け、漉したもの。

基本のソースなど

発酵パプリカペースト（マッサ・ダ・ピメンタオン）

赤パプリカの果肉を乳酸発酵させ、ペーストにしたもの。赤ピーマンの旨みと甘みに、発酵による酸味とコクが備わった万能調味料です。これで肉をマリネすると、独特の深い旨みが生まれます。煮込み料理に加えたり、そのままシーズニングソースとしても使います。

: 仕込みやすい量

赤パプリカの果肉　170g（約30個）
塩

1　赤パプリカを250℃のオーブンで約6分間焼いて、軽く旨みを凝縮させる。
2　塩をまぶしながら壺に詰め、塩漬けにする。約2週間かけて乳酸発酵させる。
3　取り出して水気をきり、1日干す。
4　フードプロセッサーにかけて、ピュレにする。

ジャガイモだし

「だし」と呼んでいますが、汁ものに濃度をつけるうすいピュレです。スープや煮込み料理をつないで、おいしそうなとろみをつける古典的な材料。またあえものに少し加えると、具材がからみやすくなり、舌触りもつるっとしておいしくなります。

: 材料

ジャガイモ　5個
玉ネギ　1個

1　皮をむいて切り分けたジャガイモ、玉ネギをひたひたにつかる程度の水で煮る。
2　やわらかくなったらゆで汁ごとハンドミキサーにかけ、薄めのピュレにする。

ストック類

エビのだし

エビの頭、同量の水、1/2量のホールトマトを鍋に合わせる。強火にかけ、沸騰したら弱火にして30分間煮出し、漉す。

鯛のだし

水にさらした鯛の頭、その2倍量の水を鍋に入れて、火にかける。80℃を保って10分間煮出し、漉す（高温で煮出すと魚から不要な酸味が出てくるので、80℃を維持）

アサリのだし

殻付きアサリを同量の水とともに鍋にとり、火にかける。沸いたら弱火にして4時間煮出し、漉す。

チキンストック

丸鶏（3kg大）をぶつ切りする。オリーブ油で表面を炒めて色づけ、水3Lを注ぎ入れる。沸騰したら火を弱め、沸かさずに約5時間静かに煮出して、漉す。

太刀魚とエビイモとエンドウ豆のサラダ

:1皿分
タチウオのフィレ　1枚（約180g）
　　塩
　　ニンニク　2かけ
　　ローリエ　1枚
エビイモ（またはヤマイモ）　30g
赤玉ネギ　1/6個
乾燥エンドウ豆*（ゆでたもの）　80g
イタリアンパセリ　5g
タイム（生）　3g
赤ワインヴィネガー　10ml
E.V.オリーブ油　20ml
塩

*マローファットというイギリスの乾燥豆を使用。

1　タチウオを3枚におろす。フィレの表面に塩（重量の1.2％）をまぶし、ひと晩マリネする。
2　乾燥エンドウ豆をひと晩水に浸けてもどす。
3　ビニール袋にマリネしたタチウオ、肉叩きでつぶしたニンニク、ローリエを入れて空気をぬき、口を縛る。沸騰した湯で10分間ゆでる。引き上げて袋ごと氷水にあてて冷ます。ひとくち大にカットする。
4　エビイモを蒸す。輪切りにして皮をむき、手でちぎる。
5　もどした豆を塩ゆでする。引き上げてそのまま冷ます。
6　赤玉ネギを厚めにスライスし、冷水に軽くさらして、水気をきる。
7　3、4、5、6をボウルに合わせ、白ワインヴィネガーとE.V.オリーブ油を加えてあえる。味を確認し、必要なら塩でととのえる。きざんだイタリアンパセリ、フレッシュタイムを加える。

塩味のきいたタチウオと、ねっとりしたエビイモ（通常はヤマイモを使用。サトイモでもOK）、香りのよいエンドウ豆のあえものです。おいしさのポイントは、蒸したイモを包丁で切らずに手でちぎり分けること。ざらっとした表面にソースがよくからみ、魚や豆の舌触りとの一体感がアップします。赤玉ネギのシャキシャキ感がアクセント。

ブロアとは、トウモロコシ粉でつくるかたい田舎パン。モソモソしていますが、スープに浸してからバカリャオの煮込みと一緒にオーブン焼きすると、たっぷり旨みがしみてまるで"肉"を食べているような充実感です。重く見えるかもしれませんが、パンの香ばしさ、バカリャウの塩気、玉ネギの甘さが互いを引き立てあって、食べ飽きるどころか後を引くこと！　ブロアがなければ全粉パンを使ってもかまいません。でも、白パンでは絶対に出せないおいしさです。

バカリャウとブロアのオーブン焼き

バカリャウの仕込み
マダラの半身
塩

ブロア：つくりやすい量
小麦粉　700g
小麦酵母*　300g
ポレンタ粉　200g
ライ麦　100g
上白糖　40g
モルト　24g
アガー　20g
イースト　18g
ココアパウダー　10g
塩　10g
E.V.オリーブ油　10g
水　500g〜

*2年以上寝かせたもの。小麦粉と水は同量。

調理と仕上げ：1皿分
バカリャウ（自家製干ダラ）　200g
ジャガイモ　1個
玉ネギ　1/2個
ニンニク　2かけ
E.V.オリーブ油　30ml
ブロア（または全粉田舎パン）　100g
鯛のだし（p.13）　70ml
イタリアンパセリ　適量
E.V.オリーブ油　適量

バカリャウの仕込み

1　マダラを掃除して、半身（骨付き）におろす。
2　1に重量の5〜6％量の塩をまぶす。皮目を上にして網にのせ、3日間おく。
3　皮目を上にして横倒しし、さらに4日間おく。
4　20℃以下、湿度50％の環境下で縦に吊るし、20日間おく。

＊塩漬けする間、表面に浮いた水分はぬぐわない。ブルームを起こしている状態を維持して、時間をかけてゆっくりと内部の水分を抜く。仕上がりは、しっとりとした状態。

ブロア

1　塩、油、水以外の材料をボウルに入れる。
2　水を一気に加えて、3分間練る。塩とE.V.オリーブ油を加えてさらに1分間練る。平らな容器に入れて蓋をかぶせ、1時間半置いて発酵させる。
3　生地を200gずつに分けて丸め、打ち粉をしながら空気抜きをする。さらに30分間休ませる。
4　220℃のオーブンで約25分焼く。

調理と仕上げ

1　バカリャウを約4cm角に切る。ジャガイモの皮をむき、ひとくち大に切る。
2　つぶしたニンニク、くし切りにした玉ネギをたっぷりのE.V.オリーブ油でソテーする。透明になったらバカリャウとジャガイモを加え、弱火で軽く炒めてから、蓋をして蒸し焼きする。
3　魚からゼラチン分を含んだ水分が出て、オイルと混ざって乳化しはじめたら火を止める（約5分後）。グラタン皿に移す。
4　ブロア（トウモロコシのパン）をひとくち大にちぎり、ボウルに入れる。鯛のだし、つぶしたニンニクを加えてよく混ぜ、ブロアにだしをしっかりと染みこませる。
5　これをグラタン皿に盛った煮込みの表面にのせる。

＊本来は、煮込みの表面全体をブロアで覆う。

6　180℃のオーブンで、ブロアの水分がとんで色づいてくるまで焼く（約10分間）。
7　きざんだイタリアンパセリをたっぷりとのせる。

アジの干物とジャガイモのボイル

ポルトガルでもアジの干物を食べます。日本人には懐かしい味ですが、ちょっと違うのは干物を「ゆでる」こと。ジャガイモや玉ネギも一緒にゆでて鍋ごとテーブルに運び、ごはんと一緒に食べるのが典型的なランチの風景です。たっぷりの湯ではなく、ひたひたに浸かるかるくらいの水量でゆでることがポイントで、アジはしっとり、ジャガイモには魚の旨みがしみこんで、美味。ぜひ試してみてください。

：1皿分
アジ　1尾
塩
玉ネギ　1/4個
ジャガイモ　1個
E.V.オリーブ油
さかな塩（ふり塩用・p.11）　少量

1　新鮮なアジを腹開きにして内臓を掃除する（または二枚開きにする）。重量の3％の塩を入れた塩水にくぐらせてから、丸1日天日に干す。

2　干したアジを鍋に入れ、皮をむいて1/4に切ったジャガイモと玉ネギを入れる。ひたひたの水を張り、90℃で10分間ゆでる。

＊ある程度まとめて仕込み、サービス時まで湯の中でキープしておく。

3　皿に盛り、E.V.オリーブ油をかけてさかな塩をふる。

マグロとパイナップルと
サラミのピンチョス

1　マグロのさくに、重量の2%の塩をまぶし、ひと晩マリネする。
2　1をビニール袋に入れて口を縛り、43℃の湯で15分間ゆでる。氷水につけて冷ます。2cm角に切り分ける。
3　パイナップルを1cm角に切る。
4　パイナップル、サラミのスライス、マグロを串に刺して皿に盛る。E.V.オリーブ油をたっぷりと流し、赤ワインヴィネガーを少量流す。タイムを散らす。

サラミの脂のコクが、マグロの味をボリュームアップ。パイナップルの香りは風味の余韻を広げてくれます。意外なようで、じつは鉄壁のハーモニー。

:すべて適量
マグロのさく
塩
パイナップル
自家製サラミ
赤ワインヴィネガー
E.V.オリーブ油
タイムの葉(フレッシュ)

ポルトガルの家庭料理がベースですが、具にきっちりと塩をして「小粒」トマトに詰めると、旨みとフレッシュ感とのコントラストがきわだって数ランク上のおいしさになります。これを、普通の大きなトマトに詰めると、具の割合が多くなって塩気も勝ちすぎに。とにかく"バランス命"の料理です。

イワシを詰めたトマトのサラダ

: 1皿分

ミディトマト（直径約4cm）　6個
イワシ　小1/2尾（約65g）
白ワイン　20ml
卵　1個
玉ネギのソフリート（p.12）　20g
クミン　適量
E.V.オリーブ油　適量
塩　適量

1　イワシを掃除して粗塩をふる。15分間休ませる。
2　1に白ワインをふりかけ、ビニール袋に入れて口を縛る。43℃の湯で15分間ゆでる。取り出して、身をむしる。
3　卵を40℃の湯に30分間浸した後、沸騰した熱湯で4分30秒間ゆで、氷水にとって冷ます。
4　3の卵の殻を除いてきざみ、玉ネギのソフリート、クミン、2のイワシのほぐし身を混ぜる。E.V.オリーブ油を加え、塩で味をととのえる。
5　上部をカットして中身をくりぬいたトマトに、4を詰める。

マグロのムシャマとメロン

ムシャマはマグロの赤身を塩漬け熟成させた、「マグロの生ハム」。現地にはカチカチに固いものもありますが、自家製してむっちりしたほどよい固さに仕上げます。中トロを使えばよりおいしい！ そのままおつまみになりますし、メロンやスイカ、乾燥ソラ豆でつくったフムスにのせる、というのもよくある食べ方です。サクッと歯ごたえのよいメロンと一緒に食べると、マグロの旨みがさわやかに口に広がります。

ムシャマ：つくりやすい量

マグロのさく　1本

塩

ニンニク　1かけ

ナッツメッグ　適量

皿の仕上げ：1皿分

ムシャマ　スライス6枚

メロン　1/8個（6ピースに切る）

イタリアンパセリ　適量

粉糖　適量

E.V.オリーブ油　適量

1　マグロに、その重量の2.0%の塩、つぶしたニンニク、ナッツメッグをすりこむ。

2　網にのせ、冷蔵庫の一番高いところに置く（0〜12℃が適温。冬場なら戸外でよい）。1日1回上下を裏返し、7日間熟成させる。

＊表面はカバーしない。魚から水分が浮き出てくるので乾きすぎることはない。2週間でかなり硬くなる。

3　ビニール袋に入れてさらに1〜2日間おき、浸透圧によって水分をマグロ内に戻す。

＊この状態で（ビニール袋に入れたまま）約1カ月間保存が可能。

4　メロンをカットして皿に並べ、茶漉しを使って皿全体に粉糖をかける。薄くカットしたムシャマをのせる。きざんだイタリアンパセリをふりかけ、E.V.オリーブ油をたっぷりと流す。

＊赤肉メロンのように甘みが強く、歯ごたえのあるタイプが合う。ハネデューでもよい。

ムール貝とキュウリのサラダ

：1皿分

ムール貝　60g

キュウリ　1/2本

アンディーヴ　1/3個

セロリ　1/4本

トマト　30g

玉ネギのソフリート（p.12）　20g

レモン　1/8個

塩　適量

赤ワインヴィネガー　10ml

E.V.オリーブ油　15ml

キュウリは包丁やスライサーでスパッとカットせず、あえて断面がザクザクになるよう、しりしり器でおろしてせん切りに。そのほうがよく味がからむのです。軽くつぶしながら他の材料とよくあえ、すぐに食べることがポイント。

1　ムール貝をゆでる。身をはずす。

2　キュウリとセロリを、それぞれしりしり器を使って細切りする。アンディーヴを筒切りに、トマトを角切りにする。

3　ムール貝、玉ネギのソフリート、2の野菜をボウルに合わせる。塩、赤ワインヴィネガー、レモンのいちょう切り、E.V.オリーブ油を加えて、よくあえる。

姉妹店のエッグタルト専門店では、毎日大量のナタ（卵黄）を使います。当然、卵白が残る。卵白だけを使った料理は中国料理くらいにしか見かけませんが、卵白だけを温泉玉子にすると、おもしろい使い方ができることに気づきました。ふわふわトロトロの舌触り、「ないようである」おだやかな旨みは、組ませる食材によって旨みをプラスしたり、逆に個性を中和したり、相手次第の効果を発揮してくれます。火を入れた後、ザルにあげて水分を分離させることがポイントです。

マグロの血合いと卵の白身のマリネ

:1皿分

マグロの血合い　さく1/4本分
塩
ニンニク　1かけ
ローリエ　1枚
卵白　2個
トマト　20g
E.V.オリーブ油　10ml
白ワインヴィネガー　5ml
セロリの葉、イタリアンパセリ　各適量
レモンのくし切り　1個

1　マグロのさくから血合いを切り取る。重量の1.2%量の塩をまぶし、1時間マリネする。
2　1をつぶしたニンニク、ローリエとともにビニール袋に入れ、口をきつく縛る。沸騰した湯で約10分間ゆでる。取り出して薄切りする。
3　卵白をビニール袋に入れ、65℃の湯に約20分間つけ、温泉玉子状にする。ザルにとり、しばらくおいて水分をきる。水分は取りおく。
4　トマトをくし切りして、3〜4等分する。
5　皿に3の"卵白の温泉玉子"を盛り、マグロの血合いとトマトをのせる。卵白から分離させた水をひとまわしかける。E.V.オリーブ油をたっぷりかけて白ワインヴィネガーを軽くふる。きざんだセロリの葉、イタリアンパセリを散らし、レモンのくし切りをのせる。

青リンゴと焼きイワシのパテ

イワシの塩焼きの、あの香り、あの苦みがそのままディップになりました。パテ自体は日本酒でもそのままいけそうですが、酸っぱいリンゴに合わせると印象がすっきりして、白ワインによく合います。リスボンで出会った料理です。

:1皿分

イワシ　1/2尾
塩　適量
青リンゴ　1/4個
エシャロット　15g
イタリアンパセリ　適量
タイム（フレッシュ）　適量
E.V.オリーブ油　適量

1　新鮮なイワシに塩をふり、炭火で焼く。
2　身をはずし、ハサミの先端で小骨をカットする。身をほぐす。E.V.オリーブ油少量とともにフードプロセッサーにかける。
3　青リンゴの皮付きスライスに2のパテをぬり、皿に並べる。エシャロットのみじん切り、きざんだイタリアンパセリ、タイムをたっぷりとのせる。E.V.オリーブ油をかける。

マグロほほ肉とペコロスのマリネ

マグロのほほ肉は筋肉がかなりしっかりしていますが、圧力釜を使ってオイルで煮ると、スジが切れてムギュッとしたいい感じの噛みごたえになります。噛むごとに口に広がるマグロの風味に、ミントの香りがよく合います。

つぶ貝と青豆と豚ばら肉の煮込み

ここではツブ貝と青大豆を使いましたが、ポルトガルではアサリと乾燥ソラ豆を使うバージョンがポピュラーです。煮込みといっても、豚肉に火が入ればOK。セビーチェ感覚でレモンをきかせ、さっぱりと仕上げます。

魚の内臓コロッケ

店で仕入れる産地直送の鮮魚は、内臓も新鮮ですから料理にドンドン使います。カワハギやホウボウの内臓は小さいので1個単位の料理にはなりませんが、集めてコロッケに。伝統的なバカリャウのコロッケからアレンジした、当店オリジナルです。

マグロほほ肉とペコロスのマリネ

マグロの火入れ：つくりやすい量
マグロのほほ肉　約500g
塩　6g
E.V.オリーブ油　200ml

皿の仕上げ：1皿分
火入れしたマグロ　80g
ペコロス　2個
青大豆（ゆでたもの）　20g
エシャロット　10g
ミント　3g
コリアンダーの葉　適量
白コショウ　0.5g
白ワインヴィネガー　10ml
E.V.オリーブ油　15g

1　マグロほほ肉に、重量の1.2%量の塩をまぶし、ひと晩マリネする。
2　圧力鍋に1のマグロを入れ、かぶるまでE.V.オリーブ油を加える。弱火にかけ、圧がかかってから7〜8分間後に火からおろす。
3　マグロを取り出して常温下で冷ます。手でひとくち大にちぎる。
4　ペコロスを1/4にカットしてゆでる。
5　ボウルに3と4、青大豆（ひと晩水につけてもどし、やわらかくなるまで約10分間ゆでたもの）のみじん切り、エシャロットのみじん切り、きざんだミントとコリアンダーの葉、白コショウ、白ワインヴィネガー、E.V.オリーブ油を加えてあえる。

つぶ貝と青豆と豚ばら肉の煮込み

：1皿分
白ツブ貝　40g
豚ばら肉のパプリカマリネ　60g
　　豚ばらのブロック
　　塩
　　ニンニク
　　発酵パプリカペースト (p.13)
青大豆（ゆでたもの）　150g
アサリのだし (p.13)　100ml
ジャガイモだし (p.13)　20g
トマト　20g
玉ネギのソフリート (p.12)　大さじ1
クミン　小さじ1
レモン　1/8個
コリアンダーの葉　適量

1　豚ばら肉のブロックに、重量の0.8％量の塩と1.5％量の発酵パプリカペースト、適量のニンニクのすりおろしをまぶし、ひと晩マリネする。
2　ツブ貝を大根おろしで洗い、よく水洗いする。
3　1をひとくち大に切る。E.V.オリーブ油で炒め、青大豆（水にひと晩つけてもどし、やわらかくなるまで約10分間ゆでたもの）、アサリのだし、ジャガイモだしを加える。トマトの角切りと玉ネギのソフリート、ツブ貝、いちょう切りしたレモンも加え、蓋をする。そのまま加熱し、豚肉に火が通ったら、鍋を火からおろす。
4　皿に盛り、コリアンダーの葉をのせる。

魚の内臓コロッケ

：約15個分
魚（カワハギなど）の内臓　180g
ジャガイモ　180g
小麦粉　適量
卵　2個
パン粉（細挽き）　40g
塩、E.V.オリーブ油
揚げ油
レモン
パセリ

1　魚の内臓にうすく塩をふり、E.V.オリーブ油を引いたフライパンで両面を焼く。
2　ジャガイモをゆでて、皮をむく。
3　1、2、卵、パン粉を合わせてフードプロセッサーにかけ、塩で味をととのえる。団子状にまとめる。
4　180℃の油で揚げる。
5　器に盛り、くし切りしたレモンとパセリを添える。

春のフレッシュ豆とやわらかいイカは、黄金の相性。ポルトガルでは豆にはミントを合わせるのが常道で、みずみずしい印象がいっそう引き立ちます。ここではイタリア産のピゼリーニ（小粒のグリーンピース）を使っています。

イカとピゼリーニとミントのあえもの

：1皿分

小ヤリイカ　3尾
ピゼリーニ　100g
トマトの角切り　30個
玉ネギのソフリート（p.12）　10g
ワインヴィネガー　10ml
E.V.オリーブ油　15ml
ミント　適量
コリアンダーの葉　適量
発酵パプリカペースト（p.13）　適量
塩

1　小ヤリイカを掃除して、足をはずす。身を輪切りにする。
2　身と足を、その7倍量の湯（80℃）で2分間ゆでる。引き上げて氷水にとり、冷やす。
3　ピゼリーニを、塩入りの湯でゆでる。氷水にとって急冷し、ザルに上げる。
4　ボウルに1のイカ、3の豆、トマトの角切り、玉ネギのソフリート、きざんだミントとコリアンダーの葉を入れ、E.V.オリーブ油、白ワインヴィネガーであえる。塩で調味する。
5　器に盛り、アクセントとして発酵パプリカペーストをかける。

サザエとサツマイモのマデイラ酒マリネ

：1皿分
サツマイモ　60g
サザエ　2個
エシャロット　5g
マデイラ酒　ひとふり
白ワインヴィネガー　適量
ミントの葉　適量
塩

1　サザエの殻をハンマーで割り、身を取り出す。ビニール袋に入れて口を縛り、沸騰した湯で約10分間ゆでる。取り出してスライスする。
2　サツマイモの皮をむき、適当な大きさにカットしてやわらかめに蒸しあげる。ボウルにとって粉ふきいもにする。
3　このボウルに1のサザエを加え、エシャロットのみじん切り、マデイラ酒、白ワインヴィネガー、塩、ミントの葉を加えてあえる。

ラパシュという巻貝とサツマイモを使ったマデイラ島の料理が原形です。マデイラの香りとミントの爽快感にヴィネガーの酸味が交わって、風味はとても華やか。サツマイモの甘み、貝のコクが引き立ちます。

サーモンと生ハムのマリネ

:1皿分

サーモンのフィレ（皮なし）　100g
塩　1g
ニンニク　1/2かけ
白ワイン　10ml
E.V.オリーブ油　60ml
生ハム　15g
赤玉ネギ　15g
エシャロット　10g
パプリカオイル*　適量
イタリアンパセリ　適量
塩、黒コショウ

＊E.V.オリーブ油に5％量のパプリカパウダーを1日漬け、漉したもの。

1　サーモンのフィレに1％量の塩をまぶし、つぶしたニンニク、白ワイン、E.V.オリーブ油をふりかける。1時間マリネする。
2　1を真空パックして、43℃で15分間加熱する。
3　サーモンを厚く切り分け、ひとくち大にカットする。赤玉ネギをスライスして、氷水にとり、水気をきる。
4　3をボウルにとり、生ハムのスライス、エシャロットのみじん切り、パプリカオイルを加えてあえる。皿に盛り、イタリアンパセリをたっぷりとのせる。

ポルトガルでもサケやニジマスをよく食べます。それを肉と組み合わせることも珍しくありません。生ハム特有の香りと、肉の脂肪分がサーモンの味わいをいっそう濃くしてくれます。

タイの真子（卵巣）はポルトガルやスペインでもよく食べます。ゆでてから軽くヴィネガーでマリネして、そのままつまみにしたり、サラダにしたり。クレソンサラダをたっぷり添え、真子をくずしながら食べると爽やかなおいしさです。

真子のエスカベシュ

：つくりやすい量
タイの真子　500g
白ワインヴィネガー　20ml
E.V.オリーブ油　10ml
塩　適量

クレソンのサラダ：すべて適量
クレソン
イタリアンパセリ
玉ネギのソフリート（p.12）
赤玉ネギの薄切り
レモンのスライス
E.V.オリーブ油
塩

1　タイの真子を2％の塩水に浸けて、ひと晩おく。
2　翌日塩水ごと鍋に移して火にかけ、弱火で40分間ゆでる。皮が破裂しないように注意する。
3　火からおろし、塩水に浸けたまま冷ます。
4　水気をよくぬぐい、保存用の容器に並べる。白ワインヴィネガー、E.V.オリーブ油をふりかけて表面を覆う。

＊この状態で1週間ほど保存できる。

5　オーダーが入ったらサラダの材料をボウルに合わせ、よくあえる。皿に真子を盛り、サラダをのせる。

魚と野菜のシャモサ

バルやカフェで必ずお目にかかれるスナック。マグロのコロッケ、チキンパイ、バカリャウのパステル仕立て同様、小腹がすいたときの定番です。ちなみにポルトガルには、アラブはもちろんインドや東南アジアの異国風味も食文化に根付いています。インドから入ったシャモサもとてもポピュラー。大きな町にはインド料理店があり、たいていレベルが高いのも新鮮な印象でした。

真ダラ白子、ケイパーとニンニクのマリネ

ポルトガルの缶詰料理ブックを読んでいたら、タラの肝を使ったマリネが出ていました。それをヒントに、フレッシュの白子でアレンジ。ケイパーの熟成感のある塩気と酸味が、白子の「調味料」となります。ケイパーは必ずつぶしてから白子とあえます。

キヌア、青野菜、レモン、カナガシラの炒め

ベジタリアン用メニューとして考えた「キヌアと青菜の炒め」に魚を組み合わせました。カナガシラに限らず、ホウボウなどの、身のねっとりした岩礁魚全般に向くと思います。「炒め」とはいっても、水分をとばしながらの加熱ではなく、素材を重ねて蒸らしながらの加熱で、しっとりと仕上げます。

魚と野菜のシャモサ

：つくりやすい量（約15〜17個分）
ウマヅラハギ　1尾
ジャガイモ　1個
キャベツ　1/8個
ガラムマサラ　小さじ1
塩、白コショウ　適量
シャモサ生地　1個につき15g
揚げ油　適量

1　ウマヅラハギを三枚におろす。フィレを小口に切る。
2　ジャガイモを蒸して皮をむき、小さめにつぶす。
3　キャベツをしりしり器でおろして、せん切りにする。
4　1〜3をボウルに合わせ、塩、白コショウ、ガラムマサラで調味する。

＊ガラムマサラの量はお好みで。塩味はしっかりつけたほうが、具の味がクリアに感じられておいしい。

5　シャモサ生地30gをめん棒で、厚さ2mmの楕円にのばす。半分にカットして、その1枚に4を30gのせ、包んで三角形にする。
6　170℃の油で揚げる。

シャモサ生地：15〜17個分
小麦粉（バイオレット）　140g
水　50ml
塩　少量
バター（ポマード状）　50g
E.V.オリーブ油　10ml

シャモサ生地

1　小麦粉、塩、水を混ぜ合わせる。均一に混ざったら、この生地にポマードバターとE.V.オリーブ油を加えてよく練り込む。
2　ひと晩ねかせる。

真ダラ白子、ケイパーとニンニクのマリネ

:2皿分
マダラ白子　240g
　大根おろし　適量
酢漬けケイパー　大さじ1/2
ニンニク　1/8かけ
E.V.オリーブ油　適量
赤ワインヴィネガー　適量
コリアンダーの葉　適量

1　白子を大根おろしで洗ったのち、ひとくち大に切り分ける。
2　塩を加えた湯でさっとゆで、氷水に落として冷ます。水気をよくふき取る。
3　ボウルに2の白子、手でつぶしたケイパー、ニンニクのみじん切りを合わせ、E.V.オリーブ油であえる。赤ワインヴィネガーを少量加える。きざんだコリアンダーの葉を混ぜる。

キヌア、青野菜、レモン、カナガシラの炒め

:1皿分
カナガシラ　1/2尾
　塩
キヌア　100g
小松菜（春菊、青梗菜、セリでも可）　100g
ニンニク　1/2かけ
トマト　1/4個
玉ネギのソフリート（p.12）　20g
クミン　5g
カイエンヌペッパー　0.2g
レモン　1/8個
E.V.オリーブ油　20ml
発酵パプリカペースト（p.13）　適量

1　カナガシラを三枚におろす。重量の1％量の塩をまぶし、ビニール袋に入れて口を縛る。90℃の湯で約15分間ゆでる。
2　キヌアを蒸しておく（パッケージに書いてある時間）。
3　小松菜を7〜8mm幅にきざむ。
4　ニンニクのみじん切り、小松菜をE.V.オリーブ油で強火で炒め、カナガシラを加える。湯気が上がってきたら、2のキヌア、トマトの小角切り、玉ネギのソフリートを魚にかぶせる。クミン、カイエンヌペッパー、レモンのスライスを加え、強火で加熱する（混ぜずにそのまま）。
5　湯気が上がってきたら全体をざっくりと混ぜる。塩で味をととのえ、火を止める。

＊キヌアとトマトその他で"蓋をして"、魚を蒸し焼きにするイメージ。最後に混ぜることで熱を均等にいきわたらせる。

6　皿に盛る。発酵パプリカペーストをアクセントとしてかける。

魚と野菜、カシューナッツとココナッツミルクあえ

ココナッツミルクにパクチーときて、これにナンプラーを入れたらまさにタイ料理？ですが、これもポルトガルで知った料理。味はまろやか、香りはエキゾチックで、赤ワインヴィネガーを加えることで全体の印象にキレが出ます。白身魚の中でもハタ系のつるんとした身質の魚が向いています。

:1皿分

黄バタのフィレ100g
エビ　5尾
玉ネギのソフリート（p.12）　20g
E.V.オリーブ油　15ml
赤ワインヴィネガー　5ml
カシューナッツ　10g
ココナッツミルク　15ml
塩、クミンパウダー　各適量
コリアンダーの葉　適量

1　黄バタのフィレを、塩湯でゆでる。引き上げて身を手でちぎり、ボウルに入れる。

2　エビを塩湯でゆでる。殻をむく。身を手でちぎり、1のボウルに合わせる。

3　鍋にE.V.オリーブ油を引いて火にかけ、玉ネギのソフリートを軽く炒める。黄バタとエビを入れて軽く炒め、赤ワインヴィネガー少量、カシューナッツ、ココナッツミルクを加えて軽く煮る。全体がなじんだら、塩、クミンパウダーで味をととのえ、器に盛る。

4　仕上げにきざんだコリアンダーの葉を散らす。

カレー風味のカルデイラーダ

:2人分

白身魚
　（ホウボウ、キハダ、ソイなど）300g
エビ　2尾
アサリ　4個
ジャガイモ　1/4個
玉ネギ　1/4個
パプリカオイル*1　20ml
カレー粉*2　小さじ1/2
ガラムマサラ*2　小さじ1/2
クミン（ローストしたもの）　小さじ1/2
ターメリック　小さじ1/2
鯛のだし（p.13）　100ml
エビのだし（p.13）　100ml
アサリのだし（p.13）　50ml
ジャガイモだし（p.13）　40g
さかな塩（煮込み用・p.11）　適量

*1 E.V.オリーブ油に5％量のパプリカパウダーを1日漬け、濾したもの。
*2 India Spice&Masala Company製のパウダーを使用。

1　白身魚を掃除して骨ごとぶつ切りする。エビとアサリを洗う。ジャガイモの皮をむき、薄切りする。
2　パプリカオイルで4種類のスパイスを炒める。香りが出たら鯛のだし、エビのだし、アサリのだしとカットしたジャガイモと玉ネギ、ジャガイモだし、さかな塩を加え、沸いたら弱火にして煮る。
＊カルデイラーダは魚介自身の水分で煮出すのが基本。
3　ジャガイモが煮くずれてスープにほどよいとろみがついたら、強火にして煮立てる。白身魚、エビ、アサリを加えて火が通るまで煮る。火からおろし、すぐに提供する。

いわゆるポルトガ版ブイヤベース、魚介の煮込みです。玉ネギのソフリートとトマトを使った赤い仕上がりが基本形ですが、このようにカレー風味に仕立てるバージョンもポピュラーです。カルデイラーダの元の意味は「火山」、つまりはスープをボコボコに沸かすことが肝心。最初に複数の魚介だしを合わせ、強火で煮立てて魚介をさっと煮て、熱々で提供します。ただ、スープといっても「魚を煮る必要最小限の水分」という感覚です。スープがタプタプだと味がうすまりますから！

カキと白インゲン豆と鶏肉のフェイジョアーダ

ポルトガルのフェイジョアーダは、白インゲン豆と魚介および動物性の脂肪を、一緒に煮込むのが一般的です。具材の取り合わせは多彩ですが、これは白い素材（鶏肉、カキ、豆）でまとめたオリジナル。カキに代えて、白子や白身魚を使ってもおいしい。いずれにもエストラゴンがとてもよく合います。とても大事なポイントは、煮込みに使うだしを濃くしないこと。ここではチキンストック2倍量の水で薄め、最小限の量で煮ています。ポルトガル料理全般にいえることですが、野菜でも肉でも素材でも、だしはなるべく使わない。それどころか水もできるだけ使わない。素材のもつ水分をできるだけ生かすことで、それ自身のおいしさを凝縮させ、きわだたせます。

マコガレイの卵黄入りグラタン

舌ビラメのボンファム風に似た、やさしい口当たりの家庭のグラタン料理です。仕上げにかける、挽きたての黒コショウで、まろやかな風味を引き締めます。

ぼたん海老と黒つぶ貝の
マデイラ酒炒め

トマトの酸味と香りの効いた、「汁だく」の炒めものです。水分の多い具材にたっぷりのE.V.オリーブ油を混ぜ、強火で一気に炒めることがポイント。このとき、中国料理の強火炒めのイメージで、鍋の中に火が回るようにしています。火をつけて油を酸化させることで、その後に加える熟成酒（中国料理なら紹興酒、ここではマデイラ酒）の香りが引き立ってくるからです。油の火が消えてからお酒を入れ、お酒はフランベせずに香りをとけ込ませます。

カキと白インゲン豆と鶏肉のフェイジョアーダ

：1皿分

むきガキ　3〜4粒
白インゲン豆（ゆでたもの）　120g
鶏もも肉　30g
ニンニク　少量
玉ネギのソフリート　10g
エストラゴン1枝
水　50ml
チキンストック（p.13）　30ml
塩　適量

1　白インゲン豆をひと晩水に浸した後、塩分1％の塩水で、やわらかくなるまでゆでる。

2　鶏もも肉を小口に切り、重量の1.4％量の塩をまぶし、約1時間マリネする。

3　鍋にE.V.オリーブ油を引き、ニンニクのみじん切り、玉ネギのソフリート、ゆでた白いんげん豆、カキ、鶏もも肉、エストラゴン、チキンストック、水を加えて煮る。もも肉に火が入ったら、鍋を火からおろす。

＊ニンニクは（強い存在感をきかせたいので）炒めずに、生から煮始める。ポルトガルのニンニクに比べて、日本のニンニクは香りもクセも弱いので。

マコガレイの卵黄入りグラタン

：1皿分

マコガレイ　1尾
塩　少量
小麦粉　30g
牛乳　200ml
エメンタール（またはコンテ）　適量
卵黄　2個
白ワイン　60ml
黒コショウ

1　マコガレイを5枚おろしにして、フィレにする。塩をふる。

2　牛乳100mlを小麦粉で溶いておく。

3　別に牛乳100mlを鍋に入れて温める。沸いてきたら2を加え、とろみがつくまで混ぜる（焦げないよう弱火で）。火からおろし、小角切りしたエメンタールを加え、混ぜてとかし込む。最後に卵黄を加え混ぜる。塩で味をととのえる。

4　マコガレイのフィレに3のソースをのせて巻き込み、グラタン皿に並べる。周囲にもソースを流す。エメンタールをふりかけ、260℃のオーブンで、魚に火が通って表面がきれいに色づくまで焼く（約7分間）。

5　仕上がりに黒コショウを挽きかける。

ぼたん海老と黒つぶ貝のマデイラ酒炒め

：1皿分

ボタンエビ　4尾
黒ツブ貝　4個
ニンニク　1/2かけ
玉ネギ　1/8個
トマト　1/4個
コリアンダーの葉　適量
青大豆（ゆでたもの）　10g
E.V.オリーブ油　20ml
パプリカパウダー　適量
マデイラ酒　15ml

1　黒ツブ貝をよく水で洗い、ビニール袋に入れて口を縛る。袋ごと沸騰した湯に入れ、約5分間ゆでる。
2　ボタンエビの背ワタを掃除する。
3　ニンニクのみじん切り、玉ネギのみじん切り、トマトの角切りをボウルに合わせる。E.V.オリーブ油とパプリカパウダーを加えてよく混ぜる。
4　3をテフロン加工のフライパンに移して、火にかける。香りが出たらボタンエビを入れて炒め、鍋内部に火をつける（油を酸化させるため）。火が消えたら、マデイラ酒を加えてアルコールがとぶまで煮立て、火を止める。
5　仕上がりに1の黒ツブ貝を加える。青大豆（水にひと晩つけてもどし、やわらかくなるまで約10分間ゆでたもの）のみじん切り、コリアンダーの葉加えて混ぜて、器に盛る。

アサリと豚ばら肉の
アレンテージョ風

パプリカをよくきかせた、汁気少なめの煮込み料理です。豚のコクが貝の味を押し上げ、貝の香りが豚の旨みに深みを与えます。その煮汁が仕上げに加える素揚げポテトにしみ込んで、おいしい。トッピングのレモンとコリアンダーの爽快さといい、よくできたバランスなのです。アレンテージョはポルトガル南部の地方名で、海沿いかと思ったら内陸の料理。獲れたてでなはいアサリだからこそ豚の脂と一緒に煮たのでしょう。今ではポルトガル料理の代表格です。

ヤリイカと豚ばら塩漬けの
イカ墨煮込み

イタリア料理ならトマトを加えて酸味のアクセントをつけるところでしょうが、ポルトガルの場合は、使いません。スープは貝のだしがベースで、パプリカ風味。見た目よりもはるかにさらっと軽い口当たりで、揚げたジャガイモが入っているのも特徴です。

アサリと豚ばら肉のアレンテージョ風

:1皿分
豚ばら肉のパプリカマリネ　300g
　豚ばらのブロック
　塩
　発酵パプリカペースト　適量
　ニンニク　適量
アサリ　200g
ジャガイモ（小サイズ）　100g
トマト　1/2個
玉ネギのソフリート　大さじ2
アサリのだし(p.13)　80ml
レモンスライス　1/4個
コリアンダーの葉　適量
E.V.オリーブ油、塩、コショウ
発酵パプリカペースト(p.13)　適量

1　豚ばらのブロックを3cm厚（2cm幅）に切り分ける。重量の1.4%量の塩をまぶし、発酵パプリカペースト、ニンニクのすりおろしを表面全体にまぶしつける。1日マリネする。
2　アサリを水につけ、砂を吐かせておく。
3　ジャガイモを半分に切り、素揚げする。
4　鍋にE.V.オリーブ油を引き、1の豚ばら肉をソテーして表面を色づける。アサリ、トマトの角切りと玉ネギのソフリートを加え、蓋をして蒸し焼きする。途中、アサリのだしを少量加えて水分を補う。
5　肉に火が入ったら蓋をはずし、4を加える。軽く煮て煮汁を吸い込ませ、きざんだコリアンダーの葉を加える。
6　皿に盛り、いちょう切りしたレモンスライスを散らす。発酵パプリカペーストをかける。

ヤリイカと豚ばら塩漬けのイカ墨煮込み

：1皿分
豚ばら肉のマリネ　140g
　豚ばらブロック
　塩　適量
ヤリイカ　2
ジャガイモ　1/8個
ニンニク　1/4かけ
玉ネギ　80g
パプリカオイル*　5ml
クミン　1/4つまみ
ローリエ　1/4枚
ディル　7g
イカスミ　8ml
アサリのだし（p.13参照、1/2量に煮詰めておく）　約30ml
コリアンダーの葉　適量

＊E.V.オリーブ油に5％量のパプリカパウダーを1日漬け、漉したもの。

1　豚ばら肉に、重量の1.4％量の塩をまぶしつけ、1日マリネする。ひとくち大に切る。
2　ヤリイカを掃除して輪切りにカットする。
3　ジャガイモをカットして素揚げする。
4　鍋にパプリカオイルを入れ、ニンニクのみじん切り、パプリカパウダーを軽く炒める。すぐに玉ネギの角切り、1の豚ばら肉を入れ、蓋をする。玉ネギから水分が出てきたらクミン、ローリエ、ディルを加えてさらに蒸し煮する。
5　豚肉に火が入ったら（約30分後）、2のヤリイカを加えてさらに5分間煮る。イカスミ、煮詰めたアサリのだしを加え（ぎりぎりかぶる程度の水分量）、蓋をしてさらに5分間煮る。
6　3の素揚げジャガイモを加え、さらに5分間煮る。仕上げにコリアンダーの葉を加える。

豚ばら肉入り大アサリのリゾット

アサリと豚肉は、ポルトガルでは"鉄板"の組み合わせ。代表料理がアレンテージョ（p.44）ですが、組み合わせに米を加えてリゾット風に仕立てることもあります。

豚ばら肉の塩漬け
豚ばらブロック
塩

リゾット：1皿分
塩漬けした豚ばら肉　60g
大アサリ（またはハマグリ）　80g
ニンニク　1/2かけ
E.V.オリーブ油　適量
長粒米のごはん　150g
アサリのだし（p.13）　200ml
さかな塩（煮込み用・p.11）　適量
ジャガイモだし（p.13）　50g
イタリアンパセリ　適量

豚ばら肉の塩漬け

1　厚さ約5cmの豚ばらブロックに、重量の1.4%量の塩をまぶす。12～16時間ねかせる。
2　ビニール袋に入れて口をしばり、62℃の湯の中で12時間加熱する。

＊袋に入れたまま冷まし、冷蔵庫に入れて3週間は保存が可能。より長く保存したい場合は、加熱せず、塩漬け後にそのまま冷凍するとよい。

リゾットの調理

1　アサリを水に浸してひと晩暗所に置く。

＊砂を完全に吐かせるとともに、1日ねかせることで旨みが増す。

2　塩漬けした豚ばら肉を、約2cmの拍子木切りにする。
3　提供用の鍋につぶしたニンニク、E.V.オリーブ油を入れてさっと炒め、すぐにごはんを入れる。軽く炒めてアサリのだし、さかな塩を加え、沸騰したら火を弱め、煮る。
4　米に半分ほど火が入ったら（約10分間）、2とジャガイモだしを加えてさらに煮る。肉に火が通ったら（約6分間）、火からおろす。イタリアンパセリを散らす。

海老のブロシェット

:1皿分
有頭エビ 3尾
トマトの角切り 1/2個分
玉ネギのソフリート(p.12) 大スプーン2杯分
コリアンダーの葉(きざむ) 適量
発酵パプリカペースト(p.13) 少量

1 エビを殻つきのまま背に包丁目を入れて、ワタを掃除する。ローリエの枝に刺す。
2 提供用のグリルパンを強火にかけて充分に熱する。1に塩をふって置き、両面を焼く。玉ネギのソフリートとトマトをエビの上と周囲にのせ、コリアンダーの葉、発酵パプリカペーストをかけ、火から下ろし、グリルパンごと提供する。

エビを刺したのはローリエの枝。マデイラ名物の肉のバーベキュー(エスペターダ)と同じスタイルです。エビの香ばしさにローリエの風味が交わります。

タコをさまざまなスパイスとともに丸ごとE.V.オリーブ油で煮込み、さらにオーブン焼きして香ばしく仕上げます。ニンニクをしっかりめにきかせることが、おいしさのポイント。

タコのラガレイロとげんこつポテト

タコの下ゆで：すべて適量
タコ
E.V.オリーブ油
クミン
クローヴ
白コショウ
黒コショウ
赤トウガラシ
フェンネル
タイム（フレッシュ）
ローリエ
コリアンダーの根

皿の仕上げ
煮込んだタコの足　2本
新ジャガイモ　1/2個
E.V.オリーブ油　適量
ニンニク　2かけ
ローリエ　1枚
イタリアンパセリ　適量
発酵パプリカペースト（p.13）適量
塩

1　タコを掃除する。内臓やクチバシをとる。
2　タコを鍋に入れ、完全にかぶるまでE.V.オリーブ油を注ぎ入れる。スパイス、ハーブを加えて火にかけ、タコが充分にやわらかくなるまで弱火で約2時間煮込む。
3　皮付きの新ジャガイモを洗う。げんこつで叩いて亀裂を入れる。塩湯でゆでる。引き上げて、くずれない程度に軽くつぶす。
4　グラタン皿にE.V.オリーブ油を引き、ニンニクのみじん切り、3のジャガイモ、タコの足、ローリエを入れる。250℃のオーブンで約7分間加熱する。
5　オーブンから取り出し、塩、きざんだイタリアンパセリをふり、発酵パプリカペーストをかけて提供する。

あん肝のオーブン焼き

アンキモはE.V.オリーブ油でコンフィにしてからオーブン焼きに。海の香りと旨みがパワフルに凝縮して、キャベツにたっぷりとしみ込みます。ポルトガルでは、タラの肝でつくります。

貝とチョリソのシャーレムスープ

アサリとチョリソを煮込んだ、アルガルベ地方のスープです。おかゆ風に見えるのはトウモロコシ粉を一緒に煮込んでいるから。肉のコク、貝の旨み、トウモロコシの香ばしさがひとつになって、とても奥深い味になります。素朴なのに複雑味があり、ソコソコ食べごたえはあるのに「重いどころか軽やか」なところが、まさにポルトガル的です。

カスベの白ワイン煮込み

新鮮なカスベ（エイ）を白ワインでシンプルにゆでた、ポルトガルの定番料理。仕上げに加えるレモンの香りが、ゼラチン質たっぷりの旨みを引き立てます。

あん肝のオーブン焼き

:1皿分

アンキモ　100g
ウォッカ　適量
塩　1.2g
E.V.オリーブ油　適量
トマト　1/4個
玉ネギのソフリート(p.12)　20g
キャベツ　1/16個
パン粉　適量
発酵パプリカペースト(p.13)　適量

1　アンキモの血管を掃除する。表面全体にウォッカをふりかけ、約15分間マリネする。
2　水で洗い流し、充分に水気をふき取る。重量の1.2%量の塩をまぶしつける。ひと回り大きいバットに入れ、E.V.オリーブ油をアンキモが見え隠れする程度まで注ぎ、アルミ箔で覆う。120℃のオーブンで(E.V.オリーブ油が60〜70℃になるよう)30分間加熱する。
3　オーブンから取り出し、冷蔵庫に入れて冷ます。
4　キャベツを熱湯でさっとゆで、ざく切りしておく。
5　グラタン皿にトマトの角切りと玉ネギのソフリートを敷く。キャベツとアンキモを並べ、表面にパン粉をかける。250℃のオーブンで8分間焼く。
6　オーブンから取り出し、発酵パプリカソースをかけて提供する。

貝とチョリソのシャーレムスープ

魚介だし：仕込みやすい量
白身魚（タイなど）の頭　5kg
水　4L
塩　40g

スープ：1皿分
殻付きアサリ　7〜8個
魚介だし　120ml
トウモロコシ粉　18g
チョリソ　スライス5枚

魚介だし

1　魚の頭を熱湯でさっとゆで、引き上げる。
2　1を水とともに鍋に入れ、80℃で約30分間煮る。
3　静かに漉す。

スープ

1　アサリを水につけ、砂を吐かせておく。
2　だしを鍋に入れて火にかけ、沸いたらトウモロコシ粉を加え、弱火で10分間煮る。さらにチョリソとアサリを加えて3分間加熱し、火を止める。
3　皿に盛り、E.V.オリーブ油をかける。

カスベの白ワイン煮込み

：4皿分
カスベ（エイ）のフィレ　500g
ジャガイモ　2個
クールブイヨン
　玉ネギ（薄切り）　1個
　ニンニク（薄切り）　1かけ
　セロリの葉　1枝分
　クミン　1つまみ
　コリアンダーの種　1つまみ
　白粒コショウ　1つまみ
　塩　適量
　白ワイン　400ml
　水　800ml
レモンのスライス　5枚

1　カスベのフィレを適宜のポーションに切り分ける。
2　ジャガイモの皮をむき、1/4〜1/6にカットして、面取りする。
3　クールブイヨンの材料を鍋に合わせ、約30分間煮る。漉す。
4　カスベとジャガイモをクールブイヨンに入れ、極弱火で約30分間煮る。塩で味をととのえる。仕上げにレモンのスライスを加える。

FUJIMARU

ワインショップ＆ダイナー
フジマル 浅草橋店

山田武志

　この店の魚介メニューには、「尾鷲の魚」「築地の魚」というふたつのカテゴリーがあります。三重県尾鷲漁港から送ってもらうのは、旬の盛りの超新鮮、値頃な魚。そこで「今だけのおいしさ」をダイナミックに伝え、いっぽう、築地の魚で「いつもあるうちの看板料理」を提供する、という構成です。
　地方から魚介を仕入れる一番のメリットは、これまで知らなかった素材に出会えること。獲れる量が少なかったり、足が速いという理由で地元でしか知られていないけれども味は抜群、という魚は、全国どこにでもあると思います。料理人にとっては教科書どおりの料理から離れて、素材自身にゼロから向き合うチャンス。これまで気づかなかった魚介のおいしさを見つけてきました。

魚介料理のラインナップはこう決める。

　尾鷲の魚は、週に2～3度のペースで仕入れています。その日揚がった魚介情報を電話で聞いて注文を確定したものが、翌朝に届く。カウンターパートの魚屋さんは、旬の盛りで値頃なもの、築地には出ない地元の魚など、この店の個性に合ったものをとっておいてくれます。私のほうは、電話の時点で翌日のメニュー構想を立てる、というルーティンです。

　魚介のメニュー数は毎日7～8品で、構成の目安は、まず大きな魚を使ったカルパッチョかサラダを必ず1品。皆が好きなイカ・タコ系はアヒージョも含めて必ず1品以上。メイン料理になるものを最低1品。さらに貝類や小さい魚も含めた季節感のあるものを。ほかに通年定番のオマールドックやグラタンがあります。築地からとる魚はおもに定番系プラスアルファに使います。

　この店はワインがテーマですから、ディナータイムは肉料理と赤ワインでメインを楽しみたいという方が、とくに男性では多数派。それでも「この季節だけ」あるいは「昔なじみの味」のがあると、自然と手を出したくなる。ですから魚介料理は前菜的な皿にやや比重を置き、品数をある程度しぼって新鮮さを確保しつつ、「季節感」をきっちりと強調するように。また、赤ワインに合う魚介料理も意識的に用意して、ソムリエに進めてもらっています。お客さんが今飲んでいるものがビールなのかスパークリングなのかワインなのかに合わせ、仕上げの調味料やコンディマン（薬味）を変えることもあります。

魚が届いたらまずすること

　まずは掃除。といっても大きな魚のウロコを引き、頭を落として内蔵を抜くくらいで、ヒレや皮を除いたり、骨をはずすのは実際にオーダーが入ってから作業します。魚のおいしさは新鮮さがすべて。できるだけ「塊」のままキープする、魚を傷めないようけっして素手で触らない（薄手の手袋をして作業します）、水に極力触れさせない…を、徹底しています。

産地から魚介到着

尾鷲漁港の岩崎魚店さんから届いた魚介。大きな魚は1尾ずつ、あとは魚種ごとにビニール袋に入っていて、氷は魚介に直接触れていない。

港に揚がってがって一度も水に触れていないので、体表面のぬめりが残っている。これが新鮮さのポイント。

掃除する

ヒラスズキ（左）、イシダイ（中）のウロコを落とす。ごらんのとおり、シンクで作業はしていても、水は出さず、ぬめりは手袋をつけた手でこそげとる。魚を水で洗わない代わり、まな板と包丁は、ひんぱんに水洗い（右）。

頭を落として、内臓をぬく。腹の中だけ手早く水洗いして、表面とともにペーパータオルでていねいにふき取る。

タイは、掃除して二枚におろす。半身には骨をつけたままにしておく。骨ナシの半身から使い始め、骨付き半身は1日ねかせる。

掃除し終えたら、すべてペーパータオルで包む。バットに並べてラップフィルムをかけ、冷蔵庫へ。皮を引いたり、骨をはずしたりは、オーダーが入ってからの作業。

一枚貝のゆで汁も「だし」的に使う

　貝類のおいしさは海の香りにあります。尾鷲のサザエ、ツブ貝、アカアワビなどは殻付きでゆでるのですが、ゆで汁には貝の肉と内臓から出るエキス、殻のミネラルが溶け出て、まさに海水のような香り。それを貝に再度含ませる（ゆで汁の中で冷ます、またはさらに煮含める）ことで、海の風味と、貝の個性を強調します。もちろん、清潔に扱われた新鮮な貝であることが大前提。掃除の際には殻をていねいに洗い、アワビに関してはアワビの殻洗い専用のタワシを使います。

サザエを掃除→ゆでる

サザエをボウルに入れて水をため、手で殻をこすり合わせてよく洗う。2〜3回水を替えて繰り返す。

鍋にとり、かぶる程度の水、塩（海水程度になるよう）、少量の白ワインを加えて弱火にかける。

沸いたら（10〜15分後）、アクを除いて火を止める。海の香りのするゆで汁。このまま常温まで冷まし、香りを含ませる。

おいしさ表現のひとつ、燻製テクニック

カキを薫製する方法

中華鍋に器形にしたアルミ箔を置き、桜のチップ、グラニュー糖を入れて、火にかける（2重のガス火口の内側のみ中火で）。

煙が上がり始めたらカキを並べた網をのせる。網の縁に並べているのは、カキから落ちる汁がチップにあたって火が消えるのを防ぐため。ボウルをかぶせる。

4分間かけ、カキ自体にも軽く火を入れながらスモークする（サンマやホタテの場合は、中心をレアに仕上げるので2〜3分間）。

保存目的の本格燻製ではなく、ごく短時間の瞬間燻製です。中華鍋とボウルを組み合わせた簡単なシステムで、その素材に対してなるべく加熱せずに煙をあびせるのか、あるいは逆に熱を入れながらにするのか、によって時間を調整します。

燻製にとくに向くのが、旬のサンマやサーモンのように脂ののった魚。この場合の目的は「酢締め」に近いもので、つまり、塩をして水分を軽く抜いた魚を酢で締めるか、軽い燻製するかの違いです。酸味を立たせたくない場合は燻製に。スモーク香によって脂の旨みに陰影がつき、味の輪郭が立ってきます。

ホタテやカキ、魚の内臓などにもよく使います。軽く加熱しながら水分を抜いて旨みを凝縮させつつ、しっかりとした歯ごたえを与えることが目的です。

コンディマンという考え方

レシピを読んでいただくとわかりますが、私の料理構成の要素に、「コンディマン」というコンセプトがあります。ソースでもなく付け合せでもない、薬味のようなもの。量はほんの少し。素材に対してピンポイントの風味や刺激を加えることで、個性をぐっと引き立たせる存在です。コンディマン自体は、ピュレであったり、ミックスピクルスであったり、何かのオイル漬けだったり、内容に縛りはありません。

コンディマンがソースと違うのは、料理全体の味をそれ自身で支配しないところ。魚介はじめ素材それぞれのピュアな味はつねに確保されていて、口の中でコンディマンと出会ったときにおいしさがはじける、新しい味のハーモニーが広がる……そんなイメージです。素材を素直に生かしながらオリジナルな「刺激」を与える存在で、エキゾチックな風味や風変わりな触感も、コンディマンになら落とし込みやすい。おいしさに無限の広がりが生まれます。

コンディマンの一例

バジルのコンディマン。バジルペーストに七分立ての生クリームをあわせる。

密閉容器で保存する。メインの魚介はオーダーが入ってからの調理が主体になるが、各種コンディマンは営業前に仕込んでおくものが大半。

基本の調味料

塩の使い分け（レシピ内の表記）

塩 「藻塩」を使用。粒子が細かく、塩気がマイルドで旨みがある。魚介の下味、煮込み系の仕上げの調味全般、フリット類の仕上げのふり塩などに。

粗塩 「瀬戸のあらじお」を使用。貝類の下ゆでなどに。

マルドン塩 イギリス産のフレークソルト。フリット以外の仕上げのふり塩に。

コショウ
基本的に挽きたての黒コショウ使用。用途によって挽きの粗さを変えている。レシピで「粗挽き」と表記したのは、"極粗"のクラス。

基本のドレッシング

ソース・ヴィネグレット

「特徴がないことが特徴」のニュートラルなドレッシング。そのままでは分離した状態なので、毎回振って使います。オイルとヴィネガーの比率が10対1なので、酸味はとてもやわらかく、ヴィネガーを吸ったエシャロットのシャリシャリとした歯ごたえから酸味が出てくる。バリエーションの土台として、アンチョビでもユズコショウでも自由に加えて使うことが可能です。入荷した魚を試食するとき、塩をつけて食べた後、このヴィネグレットをつけて食べて、料理の方向性を決めています。

1　グレープシード油以外の材料をブレンダーにかける。
2　エシャロットが細かくなったらグレープシード油を加え混ぜる。漉さずに容器に入れて保存する。

：つくりやすい量
エシャロット　30g
赤ワインヴィネガー　100ml
塩　3g
黒コショウ　3g
グレープシード油　1L

ヴィネグレット・ゼレス

基本のヴィネグレットと違い、完成された味。酸味の芯が強く、オイルの旨みもしっかり感じられます。マスタードでつないであるので乳化した状態。

1　シェリーヴィネガー、塩、白コショウ、マスタードをミキサーにかける。
2　クルミ油、グレープシード油を少量ずつ加えて混ぜて、つなぐ。

：つくりやすい量
シェリーヴィネガー　150ml
塩　15g
白コショウ　3g
マスタード　120g
クルミ油　150ml
グレープシード油　300ml

メヒカリのベニェ

ベニェ生地のかすかな苦みと香ばしさが、メヒカリの白身の繊細さを引き立てます。ちなみにこの生地は、パンケーキ（ブリニ）にもなります。ホットケーキのネタでアメリカンドッグをつくるような関係です。ポイントは、ふっくらした衣でメヒカリをムラなく完全にコーティングすること。揚げながら、衣内部では魚を「蒸し焼き」にすることが目的です。

:1皿分
メヒカリ　5尾
ソバ粉　50g
ビール　50ml
卵黄　1個
卵白　1個
塩、黒コショウ
揚げ油

1　包丁でメヒカリのウロコを掃除する。頭を落とし、内臓を取り除く。脱水シートに挟んで冷蔵庫に入れ、30分間おく。
2　卵黄、ソバ粉、ビールを混ぜ合わせる。卵白に少量の塩を加え、泡立ててメレンゲをつくり、混ぜた生地に加え合わせる。
3　メヒカリに2の衣をつけ、180℃の油で約3分間揚げる。
4　皿に盛り、塩、黒コショウ（粗挽き）をふりかける。

チャンポコ貝の海水ゆで

:すべて適量
チャンポコ貝
水
白ワイン
ハーブの茎
粗塩

チャンポコ貝はシッタカの一種。「さっと出せる」"テーブルオリーブ感覚"のおつまみです。

1　チャンポコ貝を、水をためたボウルに入れ、こすり合わすようにしてよく洗う。水を替えて2回洗う。ザルに上げる。
2　貝を鍋に入れ、かぶる程度の水、少量の白ワインを入れる。水分に対して1％量の粗塩を加え、ハーブの茎も入れて中火にかける。沸いたらアクを除いて火を止める。そのまま常温になるまで冷ます。

＊乾かないよう煮汁ごと容器に移し、提供時まで冷蔵庫でキープする。

イシダイのカルパッチョ、内臓の燻製添え

尾鷲から届く魚は、前日水揚げされたばかりのもの。身の熟成度合いや状態をみて、調理法を決めます。内臓まで新鮮なので、イシダイやイサキなど大きな魚の内臓は、よく燻製にして使います。部位それぞれのテクスチャーがあり、カルパッチョにトッピングすると香りのアクセントにもなります。

:すべて適量
イシダイのフィレ
 牛乳
イシダイの内臓
 桜のチップ
 グラニュー糖
エシャロット
万能ネギ
ツノマタ（沖縄の海藻・塩漬け）
グレープフルーツの果肉
ソース・ヴィネグレット（p.61）
塩、黒コショウ
マルドン塩

1 イシダイのウロコを引き、頭を落とす。内臓を取り出し、身を3枚におろす。
2 内臓は肝、白子、腸、浮き袋など各部位に分ける。腸の内容物を包丁でしごき出し、掃除する。少量の牛乳を加えた水にすべてを入れ、水からゆでる。沸騰から3～5分間後にゆでこぼし、氷水にとる。汚れを除き、キッチンペーパーで水気をよくふき取る。
3 下処理した内臓に塩、黒コショウをふり、網にのせる。
4 中華鍋にアルミ箔を敷き、桜のチップとグラニュー糖を入れる。中火にかけて、煙が上がったら3の網を置き、ボウルをかぶせて約3分間、スモークする。
5 イシダイの身を薄切りにし、皿に平らに盛る。燻製した内臓、エシャロットのみじん切り、万能ネギの小口切り、ツノマタ、グレープフルーツを盛りつける。ソース・ヴィネグレットをかけ、マルドン塩、黒コショウ（粗挽き）をふる。

ヒラマサのカルパッチョ

カルパッチョは魚介系の前菜として欠かせない料理で、いつも旬の魚のカルパッチョをリストに入れています。肝心なのは「カルパッチョだからこの厚さ」ではなく、その魚の個性と状態に合った厚さ、大きさを見極めて、切ること。その風味や歯ごたえを、トッピング素材とのハーモニーでさらに強調します。

:1皿分

ヒラマサのフィレ80g
ソース・ヴィネグレット（p.61）　10ml
レモン汁
タバスコ
マルドン塩、黒コショウ
エシャロット
カシューナッツ
ザクロの実
ミントの葉

1　ヒラマサを厚さ約5mmの薄切りにして、皿に並べる。
2　ヴィネグレットを全体にかけ、レモン汁、タバスコを各2〜3滴たらす。
3　マルドン塩と黒コショウ（粗挽き）をふりかけ、エシャロットの薄切り、カシューナッツの粗切り、ザクロの実、ミントの葉を散らす。

炙りイサキと新玉ネギのサラダ

:1皿分

イサキ（300g大）　1尾
新玉ネギ　50g
カブ　1/2個
ルビーグレープフルーツの果肉　3房
九条ネギの斜め切り　適量
ソース・ヴィネグレット（p.61）　10ml
塩、黒コショウ

1　イサキを3枚におろす。腹骨を取り除き、小骨を抜く。皮目に切り込みを入れ、身側に軽く塩をふる。皮目をバーナーで炙り、切り口にマルドン塩、黒コショウ（粗挽き）をふる。6等分に切る。
2　新タマネギを繊維に対して直角にスライスし、塩、ソース・ヴィネグレットで調味する。カブの皮をむき、3等分にする
3　皿にイサキと野菜を盛り、薄皮をむいたルビーグレープフルーツを添える。九条ネギを散らし、ソース・ヴィネグレットをかける。

イサキの皮目をあぶると、皮下の脂が溶けて香りが出てきます。まさに「身は刺身、皮の香りは焼き魚」。分厚い切り身をがぶりと味わいたいので、大きめカットで盛ります（お客さんがそれを半分にカットしやすいよう皮に切り目を入れておきます）。パワフルな旨みを、グレープフルーツがリフレッシュします。

アカアワビのやわらか煮

すし職人のお客さんから「酒蒸しにしているでしょ？」と何度も聞かれましたが、お酒も醤油も使っていません。アワビを殻ごと水からゆで、そのまま煮詰めただけ。味もコクも充分で、アワビ自身（殻のミネラル分や肝のエキスまでを含む）の旨み、塩気、香りをマックスに味わうことができます。信頼する産地の魚屋さんの素材だからこそできる料理です。

: 1皿分

殻付きアカアワビ　1/3個
粗塩
アカアワビの肝　1/3個分
アンディーブ　1/4本
エシャロット　少量
ソース・ヴィネグレット（p.61）　適量
マルドン塩、黒コショウ

1　アカアワビの身に粗塩をふり、10～15分間おいて身を締める。専用のタワシで汚れを取る。殻もよく洗う。
2　身を下にして鍋に入れ（重ならないよう）、かぶる程度の水を入れ、中火にかける。
3　沸騰したらアクを除き、落とし蓋をする。弱火にして、水分がほぼなくなるまでゆっくりと煮る。
4　鍋から取り出し、身を殻からはずす。肝をはずす。
身を幅5mmにカットする。肝はスライスする。身と肝を皿に盛り、アンディーブを添える。エシャロットのみじん切り、黒コショウ（粗挽き）、ソース・ヴィネグレットをかける。マルドン塩をふる。

トコブシの
エシャロットオイル添え

1　殻付きのトコブシに粗塩をふり、専用のタワシで身と殻の汚れを取り、水で洗い流す。
2　殻を上にして鍋に並べる（重ねないこと）。かぶる程度の水を加えて中火にかけ、沸いたらアクを除く。落とし蓋をして弱火にし、煮汁がなくなる寸前まで煮る。
3　最後に、煮汁を焦がさぬようにトコブシに煮からめる。火からおろし、冷ます。
4　完全に冷めたら、E.V.オリーブ油に浸けて保存する。
5　エシャロットオイルを用意する。エシャロットのみじん切りに少量の塩を加え混ぜ、煙が出るまで熱したオリーブ油をかける。そのまま漬けておく。
6　オーダーが入ったら皿にトコブシを置き、少量ずつエシャロットオイルをかけ、黒コショウ（粗挽き）をかける。

: 1皿分

トコブシ　3個
粗塩
E.V.オリーブ油
エシャロットオイル　小さじ1.5
　（以下つくりやすい量）
　エシャロット　100g
　塩　少量
　オリーブ油　100ml
黒コショウ

殻付きのトコブシを水からゆで、さらにそのゆで汁で煮からめていきます。殻や内臓から水に出たミネラルやエキスを凝縮させて、再び身に含ませる作業。水しか使っていないのにまるでだし醤油で煮たような、深い旨み、塩気、色合いが出てきます。

クロアワビと肝のタプナード、フリット添え

旨みと歯ごたえが魅力のクロアワビは、生で刺身にするか、薄く粉をつけて揚げるかで、シンプルに提供しています。どちらにつけてもおいしいのが、肝のタプナード。ワインとの相性もさらにぐっとアップします。おいしさのために大切なのは、肝をゆでたら包丁で叩く前にオーブンで乾かすこと。水分を完全に抜くことで生臭みが抜け、香ばしい「旨みの塊」になります。

:3皿分

クロアワビ　1個
粗塩　適量
クロアワビの肝　1個分
黒オリーブ　2個
アンチョビペースト　少量
E.V.オリーブ油　少量
コーンスターチ　適量
芽キャベツ　1個
揚げ油
塩、黒コショウ

1　クロアワビ（殻付き）に粗塩をふり、10〜15分間おいて身を締める。水洗いして専用のタワシで汚れを取る。身を殻からはずす。肝は包丁で破らないようにはずす。

2　タプナードをつくる。鍋にアワビの肝を入れ、かぶる程度の水を注いで10〜15分間ゆでる。

3　引き上げて横半分に切り、150℃のオーブンに入れて水分がほとんどなくなるまで乾かす。

4　黒オリーブ、アンチョビペーストとともに、包丁でペースト状になるまでよく叩く。ボウルに移し、E.V.オリーブ油を加え混ぜる。

5　クロアワビの身を幅7mmに切る。コーンスターチをまぶし、200℃の油で約30秒間揚げる。塩をふる。

6　芽キャベツを素揚げして、半分に切る。断面に塩、黒コショウをふる。

7　クロアワビのフリット、肝のタプナード、芽キャベツを皿に盛る。アワビに黒コショウ（粗挽き）をふりかける。

伊勢エビの湯引き、
ビーツと生姜のコンディマン

さっと湯引きした伊勢エビは中心部がほとんど「生」。新鮮な産直素材だからこそ味わえるその甘みをいかに繊細にふくらませるか、がこの皿のテーマです。いちばん大切なのは適切な塩加減。バニラの香りで「甘い印象」を増幅させ、ビーツと生姜のコンディマンで引き締めます（生姜のガリの感覚です）。赤い色つながりで添えたイチゴの酸味と青い香りもアクセント。

姫ハマグリの香草バター蒸し、タケノコとホワイトアスパラ

ハマグリの旨みとともに、春の初物素材を味わう皿。タケノコに木の芽を合わせるようなイメージで、ハーブの香りをたっぷりときかせます。

伊勢エビの湯引き、ビーツと生姜のコンディマン

:1皿分
伊勢エビ　1/2本
　（頭付き。1本300g）
イチゴ　2個
紅芯ダイコン　適量
ミントの葉　3〜4枚
エシャロット　適量
塩　適量
バニラオイル　適量
ビーツと生姜のコンディマン
　ティースプーン1杯

バニラオイル：つくりやすい量
バニラビーンズ　1本分
ライム汁　1/2個分
E.V.オリーブ油　100ml

ビーツと生姜のコンディマン：つくりやすい量
ビーツ　1個（約300g）
生姜のコンフィ　10g
　ショウガ　100g
　ミリン　100ml
　米酢　100ml
　水　適量

1　伊勢エビを、沸騰した湯で1分間ゆでる。すぐに氷水にとって冷ます。
2　水気をよくふき取り、頭をはずす。身を縦半分に切って背ワタを取り除く。尾を残して殻をむく。皿に盛り、塩、エシャロットのみじん切り、バニラオイルをかける。
3　半分に切ったイチゴ、紅芯ダイコンのバトン切り、ミントの葉を添える。ビーツと生姜のコンディマンをティースプーンでクネル形にして添える。

バニラオイル

1　バニラビーンズをE.V.オリーブ油でとき、ライム汁を加え混ぜる。

ビーツと生姜のコンディマン

1　生姜のコンフィをつくる。ショウガの皮をむいて薄切りする。水からゆでこぼし、ザルにとる。鍋にもどしてミリン、米酢を加え、落とし蓋をしながら、やわらかくなるまでゆでる（途中、煮詰まりすぎたら水を足す）。汁につけたまま冷ます。
2　ビーツを水洗いする。皮つきのまま鍋に入れ、かぶる程度の水を加えてゆでる（途中、水が減ったら足す）。芯まで火を通し、ゆで汁につけたまま冷ます。
3　2のビーツの皮をむき、細かく切る。生姜のコンフィ10gとともにブレンダーにかける。ピュレのかたさをみながら、コンフィの煮汁を少量加えて調節する。

＊このコンディマンをゆるめにつくって（生姜の煮汁を多く加える）、ガスパチョ風の冷たいスープにすることもある。

姫ハマグリの香草バター蒸し、タケノコとホワイトアスパラ

:1皿分
タケノコ　小2本
　　ヌカ　適量
ホワイトアスパラガス　2本
姫ハマグリ　200g
ニンニク　1かけ
エシャロット（みじん切り）　大さじ1
オリーブ油　適量
白ワイン　適量
香草バター　20g
E.V.オリーブ油　適量
セルフイユ、ディル、万能ネギ　各適量

香草バター：つくりやすい量
ニンニク　30g
エシャロット　40g
イタリアンパセリ　80g
塩　15g
白コショウ　3g
無塩バター（1cm角に切る）　450g

1　タケノコを、ヌカを加えたたっぷりの水でゆで、ゆで汁ごと常温まで冷ます。皮をむき、4等分に切る。
2　ホワイトアスパラガスの皮をむき、塩ゆでする。ゆで汁ごと冷ます。3等分に切る。
3　姫ハマグリをよく洗う。
4　広口の鍋にオリーブ油、みじん切りにしたニンニク、エシャロットを入れ、中火にかける。姫ハマグリを入れ、白ワインをふりかける。1、2、香草バターを入れ、蓋をして弱火にする。2〜3分間で姫ハマグリの殻が開く。
5　皿に盛り、E.V.オリーブ油をかける。セルフイユ、ディル、ネギを散らす。

香草バター

1　フードプロセッサーにバター以外の材料を入れて回し、色が均一になったら無塩バターを少しずつ加えて混ぜ合わせる。
2　ラップフィルムで包んで冷凍保存しておく。

コワタと剣先イカの
トマト煮込み

コワタとは、マンボウの腸のことです。直径が2〜3cm、長さは1m以上。ミノと同じでそれ自体は無味に近く、独特の香りとテクスチャーを楽しむ素材です。産地から刺身にできるくらいの新鮮なものが届きますが、どなたでも食べやすいようトマト煮込みにしています。「海バージョンのトリップの煮込み」ですね。

アオリイカの
フリット

アオリイカはぷちんとした歯切れがあって、身はねっとりと甘い。ゲソは旨みが濃くてエンペラはコリコリ。サクっと衣揚げにするのが、個人的にいちばん好きな食べ方で、大きい肉厚なものほど、その個性がパワフルに楽しめます。

ヤリイカとピーマンの
温製サラダ

これを焼いていると、香りにそそられて他のお客さんからも注文が入ります。みんなが大好きな「イカ焼きの香り」がテーマ。ヤリイカは片面だけあぶって、半分は生の甘みを生かします。ローストアーモンドが香ばしさと甘みをさらに引き立てます。

コワタと剣先イカのトマト煮込み

：10〜12皿分

白インゲン豆（乾燥）　200g
　玉ネギ　1/2個
　ニンジン　1/2本
　セロリ　5cm
　ニンニク　1/2かけ
　塩　適量
コワタ（マンボウの腸）　500g
ケンサキイカ　500g
玉ネギ　2個
バター　少量
ニンニク　2かけ
オリーブ油　適量
白ワイン　100ml
トマトソース　400g
塩、黒コショウ　適量
イタリアンパセリ　少量

トマトソース：仕上がり2kg
ホールトマト　2550g（1号缶）
ニンニク　1かけ
玉ネギ　1個
オリーブ油　25ml
黒コショウ　50挽き
ローリエ　1枚
乾燥赤トウガラシ　1本
乾燥オレガノ　小さじ1

1　白インゲン豆を水にひと晩浸けてもどす。翌日水気をきり、鍋に入れる。かぶる程度の水を注ぎ、香味野菜（小角切りする）と塩を加えて弱火で煮る。火が通ったら、ゆで汁に浸けたまま冷ます。

2　コワタを水で洗い、大きめの鍋に入れる。たっぷりの水を加えてゆでこぼす。再度洗い、汚れをしっかりと取り除く。幅1.5cmに切る。

3　ケンサキイカを胴体と下足に切り分ける。胴体は内臓を取り除いて皮をむき、幅1.5cmに切る。

4　みじん切りした玉ネギを、バターでアメ色になるまでじっくりと炒める。

5　ニンニクのみじん切りをオリーブ油で炒め、香りが出たらケンサキイカを入れ、軽く炒める。コワタを加え、白ワインを注いで軽く煮る。さらに4の玉ネギ、トマトソースを加えて20〜30分間煮込む。塩、黒挽きコショウで味をととのえる。

6　オーダーが入ったら5を小鍋に移し、1の白インゲン豆を煮汁ごと加え合わせ、温める。

＊仕込み段階（5）で、もったりとした状態まで煮詰めておく。仕上げ時に豆の煮汁を加えてゆるめ、煮込んで濃度を調整する。

7　皿に盛り、イタリアンパセリを散らす。

トマトソース

1　ホールトマトをフードプロセッサーにかける。
2　ニンニクと玉ネギをみじん切りにしてオリーブ油で炒め、1とスパイス類を加え
て半量まで煮込む。

アオリイカのフリット

:1皿分

アオリイカ　150g
衣の生地
　強力粉　50g
　コーンスターチ　50g
　ドライイースト　5g
　塩　少量
　水　100ml
　オリーブ油　少量
揚げ油、塩、黒コショウ　各適量
クレソン、セルバチコ、コリアンダーの葉　各適量
ソース・ヴィネグレット(p.61)　適量
カレー粉　少量

1　アオリイカを胴体とゲソに分ける。胴体は内臓を取り除き、開いて皮を除く。エンペラも皮を除く。それぞれ長さ5cm、幅1.5cmに切る。ゲソは1、2本ずつに切り分ける。
2　胴体、ゲソをそれぞれ衣（粉類、塩、水を混ぜ合わせ、なめらかになったらオリーブ油を加え混ぜる）にくぐらせ、190℃の油で揚げる。塩、黒コショウをふる。
3　皿にクレソン、セルバチコ、コリアンダーの葉を盛り、ソース・ヴィネグレットをかける。フリットをのせ、カレー粉をふる。

ヤリイカとピーマンの温製サラダ

:1皿分

ヤリイカ（200g大）　1ぱい
ピーマン　1個
塩　適量
黒コショウ　適量
アンチョビペースト　適量
エシャロットのみじん切り　適量
ソース・ヴィネグレット(p.61)　適量
ホワイトセロリ　適量
アーモンドスライス　適量

1　ヤリイカを、胴体とゲソに切り分ける。胴体から内臓を取り除き、開く。
2　焼き網にイカを（皮面を下にして）のせ、中火で片面のみ焼いて半生に仕上げる。ゲソは両面を焼く。半分に切ったピーマンも焼く。
3　イカの胴体、ピーマンをそれぞれ縦1cm幅に切る。ゲソを3～4等分する。すべてボウルに入れ、塩、黒コショウ、アンチョビペースト、エシャロット、ソース・ヴィネグレットを加えてあえる。
4　皿に盛る。長さ5cmに切ったホワイトセロリをのせ、ローストしたアーモンドスライスを散らす。

ガスエビは、身のねっとりとした甘エビタイプのエビ。軽くあぶって甘みを引き締めます。もうひとりの主役がキンカンの甘酢コンポートで、華やかな香りはもちろん、歯にあたってプチンとはじける触感もエビを引き立てるアクセントになります。

ガスエビの炙り、レモングラスのコンディマンあえ

:1皿分
ガスエビ　8尾
キンカンの甘酢コンポート　1個
プチトマト　2個
ブロッコリースプラウト　1つまみ
レモングラスのコンディマン　小さじ1
塩、黒コショウ
E.V.オリーブ油

キンカンの甘酢コンポート
:すべて適量
キンカン
米酢
ミリン

レモングラスのコンディマン
:仕上がり約120g
レモングラス　5本
ショウガ　10g
エシャロット　100g
赤トウガラシ　3本
オリーブ油　適量
レモン汁　1個分
ハチミツ　少量
水　少量
塩　少量
パプリカパウダー　少量

1　ガスエビの頭と殻を取り除き、背に切り込みを入れて背ワタを除く。
2　網に並べ、ガスバーナーで両面を軽く炙る。
3　キンカンの甘酢コンポートを1/2にカットする。
4　ボウルに2、3、半分に切ったプチトマト、ブロッコリースプラウトを合わせ、レモングラスのコンディマン、塩、黒コショウ（粗挽き）、E.V.オリーブ油を加えてあえる。皿に盛る。

キンカンの甘酢コンポート

1　キンカンの表面10カ所ほどを串で刺して穴をあける。
2　鍋に入れ、同割の米酢とミリンをかぶる程度に加え、落し蓋をした状態で弱火で煮る。煮汁の中で冷ます。

レモングラスのコンディマン

1　エシャロット、ショウガ、レモングラス、赤トウガラシをそれぞれみじん切りにする。オリーブ油で色づけないように炒め合わせ、レモン汁、ハチミツ、水を加えて軽く煮る。
2　ブレンダーにかけてピュレ状にする。
3　フライパンにもどしていったん沸騰させ、火を止める。塩で味をととのえる。パプリカパウダーで色をつける。

姫サザエと砂肝のマリネ

姫サザエの仕込み
姫サザエ
粗塩
白ワイン
ハーブの茎

砂肝コンフィ：つくりやすい量
鶏の砂肝　1kg
粗塩　15g
ニンニク　3かけ
タイムの枝　5本
ヒマワリ油　適量

皿の仕上げ：1皿分
ゆでた姫サザエ　4個
砂肝コンフィ　2個
フルーツトマト　小1個
カブ　小1個
クレソン　適量
エシャロット　少量
塩、黒コショウ　適量
ソース・ヴィネグレット（p.61）　適量

姫サザエ

1　姫サザエの殻をよく洗い、広口の鍋に入れ、かぶる程度の水を注ぐ。少量の白ワインとハーブの茎、水量の約1％の粗塩を加え、弱火で10〜15分かけて沸かす。
2　沸いたらアクを取り除き、火を止める。煮汁ごと常温になるまで冷ます。
3　姫サザエの身を殻からはずす。煮汁を漉して身を入れ、浸けておく。

砂肝コンフィ

1　砂肝を鋏で半分に切り、水気をふき取る。粗塩をふり、皮付きのニンニクとタイムの枝をのせて12時間マリする。
2　ザルにあけて水分をふきとる。鍋に入れ、ヒマワリ油をかぶる程度に注ぐ。70℃で約3時間、砂肝がやわらかくなるまで加熱する。
3　オイルに浸したまま保存する。

皿の仕上げ

ボウルに姫サザエ、半分に切った砂肝コンフィ、4等分したフルーツトマト、カブ（塩湯で約10秒間ゆでる）、クレソンを入れる。塩、黒コショウ（粗挽き）、エシャロットのみじん切り、ソース・ヴィネグレットを加えてあえる。皿に盛る。

サザエは殻ごとゆで、そのゆで汁に浸けおくことで、殻も含めた丸ごとの風味を身に含ませます。このときの水の量が大切で、貝をあまり重ねずにすむサイズの鍋を選び、ぎりぎりかぶる程度の水でゆでること。風味濃く仕上げたサザエを、歯ごたえに共通点のある砂肝と組み合わせてサラダにしました。

筒切りスズキのスパイス揚げ

スズキは火を入れてこそ、の魚だと思っています。できるだけ大きい、よく脂ののったものを骨付きでじっくり火を入れて食べるのがいちばんで、ローストもよいのですが、ディープフライも効果的。オイルの熱が全方向から伝わることで、じわじわと芯まで均等に火が入り、ふっくらと仕上がります。

:1皿分
スズキの筒切り　300g
ミックススパイス　大さじ1
　フェンネルシード
　コリアンダーシード
　白ゴマ
　クミンシード
ペルノー酒、牛乳、薄力粉　各適量
揚げ油
サラダ菜
ソース・ヴィネグレット (p.61)
塩、マルドン塩、黒コショウ

1　掃除したスズキを骨ごと300gに筒切りする。
2　身に塩、黒コショウをふり、ミックススパイスをまぶす。ペルノーと牛乳をふりかけ、薄力粉をまぶして、170℃の油で5分間揚げる。5分間休ませたのち、再び5分間揚げて火を通す。
3　サラダ菜をソース・ヴィネグレットであえ、皿に盛って黒コショウを挽きかける。スズキのスパイス揚げをのせ、マルドン塩をふる。

寒グレと白子のポワレ、生姜とプチトマトのコンディマン

グレ（メジナ）は雑食なので、夏は臭くて食べられませんが、寒くなると海藻を食べて脂がのった高級魚に。大きなものは1尾3kgほどにもなり、身の感じは少しムツに似ています。

1　寒グレを三枚におろす。皮に2本の切り目を入れ、ポーションに切り分ける。身側に塩をふり、オリーブ油を引いたフライパン（テフロン加工）に皮を下にして置き、弱火で焼き始める。8割がた火が通ったら裏返し、身側をさっと焼いて仕上げる。
2　白子（容器に入れて牛乳に浸し、冷蔵庫で保存しておく）の水気をふき取り、15g大に切り分けて2個を使う。塩、黒コショウ、強力粉をまぶし、オリーブ油と少量のバターでポワレする。
3　生姜のコンフィのせん切り、1/4に切ったプチトマト、セルフイユの葉を合わせ、コンフィの煮汁とE.V.オリーブ油であえる。
4　皿に魚と白子を盛り、3とE.V.オリーブ油を添える。魚にマルドン塩と黒コショウ（粗挽き）をふりかける。

：1皿分

寒グレの切り身　100g
白子　30g
牛乳　少量
塩、黒コショウ、強力粉　各適量
オリーブ油、バター　各適量
生姜のコンフィ（p.74）　10g
プチトマト　2個
セルフイユの葉　少量
E.V.オリーブ油　少量
マルドン塩、黒コショウ

アカアンコウのムニエル、タイ風ブイヨン煮

アカアンコウはサイズこそ小さいですが、独特の旨みがあり、身にはぷりっとした弾力があります。地元ではもっぱらから揚げで食べると聞きますが、楽しみ方はもっといろいろありそう…というわけで、いったんムニエルにしてから、ココナッツミルクの入ったカレー風味のブイヨンで煮込みました。タイ風ブイヤベース、といった感じでしょうか。香り豊かで、食欲を刺激する1品です。

タイ風ブイヨン：仕上がり約3L
クモエビのブイヨン　2.5L
　クモエビ　1kg
　玉ネギ　1個
　セロリ　1本
　フヌイユ　小1個
　鶏のブイヨン*　5L
　オリーブ油　適量
レモングラス　3本
ショウガ　10g
レッドカレーペースト　大さじ1
ココナッツミルク　1L
レモン汁　1個分
ハチミツ　少量
ナンプラー　少量
塩、コショウ、オリーブ油　適量

皿の仕上げ：1皿分
アカアンコウ（身欠き）　3尾分
塩、黒コショウ、強力粉　各適量
オリーブ油　適量
バター　適量
タイ風ブイヨン　200ml
カイワレダイコン　少量
E.V.オリーブ油　少量

＊鶏ガラをニンジン、玉ネギ、セロリ、ニンニク、ハーブの茎とともに水から約2時間煮出し、漉したもの。

タイ風ブイヨン

1　まずクモエビでブイヨンをとる。クモエビを丸ごと200℃のオーブンで焼く。薄切りした玉ネギ、セロリ、フヌイユをオリーブ油で軽く炒め、焼いたクモエビ、鶏のブイヨンを加えて約1時間煮出す。漉す。

＊クモエビはラングスティーヌのように爪が細長いエビ。身は少ないがよいダシが出るので、尾鷲では味噌汁によく使われる。小さいものは素揚げしてもおいしい。

2　鍋にオリーブ油を引き、薄切りしたレモングラスとショウガを軽く炒める。レッドカレーペーストを加えてさらに炒め、香りが出たら1のブイヨンを加える。沸いたら弱火にして15〜20分間煮る。

3　ココナッツミルクを加え、沸騰したらレモン汁、ハチミツ、ナンプラーでうすめに調味する。

皿の仕上げ

1　アカアンコウの身欠きに塩、黒コショウをふり、強力粉をまぶす。オリーブ油とバターを引いたフライパンでムニエルにする。きれいな焼き色がついて7割がた火が通った時点で、いったん取り出す。

2　フライパンの油を捨て、キッチンペーパーでふき取る。アカアンコウをもどし、タイ風ブイヨンを加える。ブイヨンを煮詰めながら魚に火を通し、取り出す。

3　このフライパンにE.V.オリーブ油を加え、（鍋を回して）乳化させてソースにする。塩、黒コショウで味をととのえる。

4　皿にアカアンコウを盛り、ソースをかける。カイワレダイコンを添える。

ホタテのカダイフ包み揚げ、レモングラスの香り

カリカリのカダイフの香ばしさが、ねっとりしたホタテの甘みを引き立てます。レモングラスをピック代わりにしたのがポイント。口に入れるときに鼻先に触れる香りが、料理の風味になります。

：すべて適量

ホタテ
カダイフ
レモングラス
強力粉、卵白、揚げ油
パプリカパウダー
カイエンヌペッパー
塩

1　ホタテ貝柱をひとくち大（ここでは3等分）に切る。カダイフをホタテの大きさに合わせて幅3〜4cmにカットする。

2　1に強力粉、卵白を順にまぶす。カダイフを縦、横の二方向から巻きつける。

3　レモングラスの固い部分を長さ5〜7cmにカットして、2に刺す。

4　190℃の油で揚げる。芯が半生になるよう、約1分間で引き上げる。皿に盛り、塩、パプリカパウダー、カイエンヌパウダーをふる。

イメージは「大人の粉ふきいも」。アジがあるとジャガイモはよりおいしくなり、ジャガイモがあるとアジをまたひとくち食べたくなります。

真アジとポテトのマリネ

: 1皿分

マアジ（脂ののったもの）　約200g大1尾
赤ワインヴィネガー　適量
ジャガイモ（メークイン）　大1個
貝割れダイコン　適量
レッドキャベツスプラウト　適量
ソース・ヴィネグレット（p.61）　適量
E.V.オリーブ油　適量
塩、マルドン塩、黒コショウ

1　マアジを三枚におろし、薄皮、腹骨、小骨を取り除く。身に軽く塩をふり、15分間置く。キッチンペーパーで水気をよくふき取り、赤ワインヴィネガーをふりかける。再度、冷蔵庫に10分間置く。水気をふき取り、半身を3等分にする。
2　ジャガイモ（皮付き）を水からゆでる。温かいうちに皮をむき、大きめに切り分ける。塩とソース・ヴィネグレットであえ、常温に冷ます。
3　皿に2を盛り、1をのせる。マルドン塩、黒コショウ（粗挽き）をふる。2種のスプラウトを混ぜてのせ、ソース・ヴィネグレトとE.V.オリーブ油をかける。

ズワイガニのグラタン

万人に愛され、ワインに合い、でもワインバーやビストロではあまり置いていない…ベシャメルのグラタン。お陰様でよく売れています。開業時にオマールドック（p.102）とともに考案した定番料理で、オマールの腕の肉を具に、オマールのソースをベシャメルに加えた別バージョンもあります。

：5〜6皿分
ズワイガニ（ゆでて身をほぐしたもの）　200g
玉ネギ　200g
オリーブ油　適量
白ワイン　少量
マカロニ　100g
ソース・ベシャメル
　薄力粉　25g
　バター　25g
　牛乳　400ml
　塩　少量
　ナッツメッグ　少量
　パルメザンチーズ（粉）　少量
モッツァレッラ（シュレット）　50g（1皿分）
黒コショウ

1　玉ネギの薄切りをオリーブ油で透明になるまで炒める。白ワインを加えてなじませ、ズワイガニの身を加え混ぜて火を止める。
2　マカロニを1％量の塩を加えた湯でゆでる。
3　ソース・ベシャメルをつくる。薄力粉をバターでじっくりと炒め、牛乳を何度かに分けて加え混ぜながら煮込み、塩、ナッツメッグ、パルメザンチーズで味をととのえる。これに1と2を加え、1〜2分間煮て、全体をなじませる。
4　3を耐熱容器に盛る（1皿分150g）。表面にモッツァレッラをのせ、250℃のオーブンで約10分間焼く。仕上げに黒コショウ（粗挽き）をふる。

焼きガキの生ハム添え、ホワイトバルサミコ風味

きれいに熟成した豚肉の風味は、カキによく合います。カキは殻を開けずに網焼きして、身を蒸し、ジューシーに仕上げています。生ハムはスライスしてすぐ、つまり香りが生きているうちにのせることがポイントです。

：1皿分
殻ガキ　1個
エシャロット　少量
生ハム　スライス1枚
ホワイトバルサミコ　少量
万能ネギ　少量
E.V.オリーブ油　少量
黒コショウ　少量

1　カキの殻の平らな面を下にして焼き網に置き、中火で2分間、裏返して2分間焼く。
2　殻を開け、身をはずす。
3　身を殻にのせ、エシャロットのみじん切りをのせる。ホワイトバルサミコ、生ハム、黒コショウ、万能ネギの小口切り、E.V.オリーブ油を順にかける。

サンマの燻製、肝のコンディマン

サンマの燻製：3皿分

サンマ　3尾
グラニュー糖（マリネ用）　少量
塩　少量
桜のチップ　大さじ2
グラニュー糖（燻製用）　大さじ1

肝のコンディマン：3皿分

サンマの肝　3尾分
ニンニク　1かけ
エシャロット（みじん切り）　大さじ1
アンチョビペースト　3g
オリーブ油　少量
赤ワインヴィネガー　10ml
塩、黒コショウ

皿の仕上げ：1皿分

サンマの燻製　1/2尾分
肝のコンディマン　1/2尾分
フルーツトマト　1個
カブ　1個
カボチャ　4片
キュウリ　4片
ヴィネグレット・ゼレス（p.61）
エシャロット（みじん切り）　少量
ディル　少量
塩、黒コショウ、E.V.オリーブ油　各適量

サンマの燻製

1　サンマのウロコを引き、頭を落とす。内臓を取りおき、三枚におろす。腹骨をすき取る。

＊中心部に残る小骨は、食べても気にならないので抜かずに残す。身をくずさないため。

2　身を上にしてバットに並べ、グラニュー糖、塩を順にふる。脱水シートに挟んで冷蔵庫で30分間マリネする。水分をよくふき取り、身を上にして網に並べる。

3　鍋にアルミ箔を敷き、桜のチップ、グラニュー糖を入れ、中火にかける。煙が上がったら2を網ごとのせる。ボウルをかぶせて約3分間燻す。

肝のコンディマン

1　サンマの肝を包丁で叩く。

2　小鍋にオリーブ油を引き、ニンニクとエシャロットのみじん切りを弱火で炒める。アンチョビペーストを加え混ぜ、さらに1を加えて、混ぜながら火を入れる。

3　火が通ったら赤ワインヴィネガーを加え、塩、黒コショウで味をととのえる。裏漉しして、冷ます。

皿の仕上げ

1　フルーツトマト、カブを1/4に切る。キュウリをひとくち大に乱切りする。カボチャを薄切りし、素揚げする。

2　ボウルに1の野菜、塩、黒コショウ（粗挽き）、ヴィネグレット・ゼレス、エシャロットを入れてあえる。皿に盛る。

3　燻製したサンマのフィレ1枚を6等分し、2に盛る。ディルを散らす。肝のコンディマンを添え、E.V.オリーブ油をまわしかける。

サンマは刺身にしたりコンフィにしたりといろいろですが、脂のおいしさを強調するなら燻製が効果的です。瞬間スモークなので、表面は水分が抜けますが中心はレア。スモーク香が脂に旨みを与えてかなり味が強くなるので、たっぷりの生野菜でフレッシュ感を添えています。肝のコンディマンは、野菜につけるディップのような存在です。

真ダコとキノコのアヒージョ

:1皿分

マダコ　70g
　　粗塩
キノコ　計70g
　　マイタケ、シイタケ、ブナシメジ
オリーブ油　100ml
ニンニク　10g
エシャロット　8g
アンチョビペースト　少量
パプリカパウダー　少量
イタリアンパセリ　少量
塩、黒コショウ　少量

1　マダコの頭を裏返して内臓を取り除く。粗塩をまぶしてもみ洗いし、ぬめりと汚れを取る。水で洗い、冷凍する。
2　1を解凍し（前日冷蔵庫に移し、翌朝常温でもどす）、塩湯（塩分1％）で、約10〜15分間ゆでる。おか上げして冷ます。
3　ゆでたタコ、キノコをそれぞれひとくち大にカットする。
4　耐熱皿にオリーブ油、ニンニクとエシャロットのみじん切り、アンチョビペーストを入れて火にかける。香りが立ってきたらキノコ、マダコの順に加え、250℃のオーブンに移して、5分間加熱する。
5　オーブンから取り出し、直火にかける。塩、黒コショウ、パプリカパウダー、きざんだイタリアンパセリをふり、熱々に沸いた状態で提供する。

熱々の臨場感が食欲をそそり、ワインの進むアヒージョ。開業前にいろいろな魚介をテストして、おいしさに新鮮味があり、1年を通して安定入荷できるタコを選びました。タコとキノコをオイルに入れたら、味の一体感が出るまでオーブンの中で熱し（揚がらないよう）、最後に直火で沸きたてます。

サーモンマリネとホタテの燻製、マンゴーのコンディマン添え

表面をさっと焼いたサーモンのたたきと、軽く燻製にしたホタテのサラダ仕立てです。それぞれのパワフルな個性をがぶりと味わってほしいので、大きめにカット。全体の風味は、レモングラス風味のマンゴーのコンディマン、アジア風味の魚醤ドレッシングでひとつにまとめます。

新玉ネギのロースト、ホタルイカとフキノトウ

ホタルイカとフキノトウの旨みと苦みを、新玉ネギの甘みが受け止めます。ソースが主役の料理。このソースはパスタにも使えます。

カキの燻製と桜肉のタルタル

ブルゴーニュの某レストランの料理に、牛のタルタルステーキに生ガキを添えた料理があります。日本の牛肉では脂の香りがカキと喧嘩しそうですが、馬肉ならいけそう——赤身のさっぱり肉とカキの風味を、アンチョビとケイパーが結びつけます。カキは燻製にして強すぎる部分をやわらげ、肉のテクスチャーに近づけています。馬肉は赤身肉といっても、血の風味が強いわけではありません。味の個性レベルでは、カキが「濃」で、馬肉は「淡」。そこにバランスの鍵があるようです。見た目は赤でも、白ワインによく合う料理です。

サーモンマリネとホタテの燻製、マンゴーのコンディマン添え

サーモンのたたき

1　皮付きのサーモンのフィレにグラニュー糖と粗塩をまぶし、冷蔵庫で8時間マリネする。
2　水洗いし、水気をふき取る。脱水シートに挟んで冷蔵庫に3時間置く。
3　オーダーが入ったら、細長い棒状（断面2cm角）に切る。オリーブ油を引いたフライパンで側面4面を30秒ずつ焼いて色づける。取り出して冷ます。ダイス状に切り分ける。

ホタテの燻製

1　ソミュール液の材料を鍋に合わせて沸騰させ、火を止めて冷ます。
2　ホタテ貝柱を1に浸し、冷蔵庫に入れて12時間マリネする。
3　水気をよくふき取り、網にのせる。
4　中華鍋にアルミ箔を敷き、桜チップとグラニュー糖を入れる。3の網をのせて、火にかける。煙が出たらボウルで蓋をして中火で1分間、弱火で2分間燻す。

コンディマン・マンゴー

1　マンゴーの果肉とこまかく切ったレモングラスをブレンダーにかける。レモン汁を加え混ぜ、漉す。

皿の仕上げ

1　皿にコンディマン・マンゴーを敷き、サーモンのたたき、ホタテの燻製を盛りつける。マルドン塩、黒コショウをふる。
2　コリアンダーの葉、レッドキャベツスプラウトをしょっつるドレッシング（材料を混ぜる）であえ、ニンニクチップとともにのせる。

：つくりやすい量

サーモンのたたき
サーモン　皮付き半身
グラニュー糖　30g
粗塩　90g
オリーブ油　適量

ホタテの燻製
ホタテ貝柱15個
ソミュール液
　水　500ml
　塩　23g
　グラニュー糖　10g
　ローリエ　1枚
　黒粒コショウ　5個
桜のチップ　大さじ2
グラニュー糖　大さじ1

コンディマン・マンゴー
フィリピンマンゴー　2個
レモングラス　2本
レモン汁　1個分

しょっつるドレッシング
赤ワインヴィネガー　50ml
塩　少量
しょっつる　35ml
E.V.オリーブ油　150ml

皿の仕上げ：1皿分
サーモンのたたき　90g
ホタテの燻製　1個
コンディマン・マンゴー　大さじ1
コリアンダーの葉　適量
レッドキャベツスプラウト　適量
しょっつるドレッシング　適量
ニンニクチップ　適量
マルドン塩、黒コショウ

新玉ネギのロースト、ホタルイカとフキノトウ

:1皿分
ホタルイカ　10はい
新玉ネギ　1個
バター　適量
フキノトウ　2個
ニンニク　1かけ
エシャロット（みじん切り）　大さじ1
オリーブ油
アンチョビペースト　少量
レモン汁
塩、黒コショウ

1　ホタルイカをゆでて冷水にとり、目玉、クチバシ、軟骨を掃除する。
2　新玉ネギを皮付きのままアルミ箔を敷いたフライパンにのせ、200℃のオーブンで30～40分間ローストする。横半分にカットして、皮をむく。
3　カット面を下にして、バターを溶かしたフライパンで焼く。きれいに焼き色をつける。
4　ニンニク、エシャロットのみじん切りをオリーブ油で炒め、香りが出たらアンチョビペーストとホタルイカを加える。ホタルイカを木べらで軽くつぶしながら炒め、きざんだフキノトウを加えてさらに炒める。仕上げにレモン汁を加える。
5　皿に新玉ネギのローストを置き、塩と黒コショウ（粗挽き）をかける。4を盛る。

カキの燻製と桜肉のタルタル

:1皿分
馬シンタマ肉　100g
エシャロット（みじん切り）　小さじ1
コルニッション（みじん切り）　小さじ1
ケイパー（みじん切り）　小さじ1
タバスコ　適量
アンチョビペースト　適量
ケチャップ　適量
ウスターソース　適量
塩、黒コショウ　各適量
カキの燻製　2個
　桜のチップ　大さじ2
　グラニュー糖
万能ネギ　適量
E.V.オリーブ油　適量

1　馬シンタマ肉を包丁で5mm角に切る。
2　エシャロット、コルニッション、ケイパーをみじん切りにする。
3　1と2をボウルに入れ、タバスコ、アンチョビペースト、ケチャップ、ウスターソース、塩、黒コショウを加え混ぜ、味をととのえる。
4　カキの燻製（つくり方はp.60参照）を1cm角に切る。
5　セルクル型を使ってタルタルを皿に平らに盛り、カキをのせる。万能ネギの小口切り、黒コショウ（粗挽き）をふりかけ、E.V.オリーブ油をかける。

オマールドック

開業に合わせ「おいしくてヒップなホットドッグをつくろう」という戦略から生まれた1品です。メイン具材をオマールと決め、調理の仕上げ、ソースの味の強さ、パンの大きさなど、丹念に試作を重ねました。

小エビと豚足のラグー、粒マスタード風味

ぷりぷりのエビ、ゼラチン質たっぷりの豚足、セロリの香りとシャキシャキ感…というハーモニー。フレンチの発想だとやや意外ですが、考えてみたらエビシュウマイの組み合わせ。おいしいはずです！　以前働いていた店の先輩の料理をアレンジしたものです。

オマールドック

:1皿分
オマール(活け) 1/2尾分
卵白 適量
カダイフ 適量
揚げ油 適量
ドッグパン 1個
ベビーリーフ 適量
マヨネーズ 小さじ1
ソース・アメリケーヌ 大さじ1
エシャロットのコンフィ* 適量
ピクルス 適量
塩、黒コショウ

*エシャロットのみじん切りに少量の塩を混ぜ、煙が出るまで熱したオリーブ油をかけたもの。

ソース・アメリケーヌ:つくりやすい量
オマールの頭 1kg
玉ネギ 200g
ニンジン 100g
セロリ 約10cm
オリーブ油 20ml
ニンニク 1かけ
トマトペースト 15g
白ワイン 500ml
昆布水* 2L
トマト(完熟) 1個
コリアンダーの茎 適量
生クリーム 1L

*軟水1Lに対して昆布1枚をひと晩浸したもの。

オマールの下ゆで

1 活けオマールに金串を刺し、沸騰した湯で4分30秒間ゆでる。
2 氷水にとって冷やす。水気をふき取り、頭、尾部、爪に分ける。頭はソース用に取り置く。
3 尾部の殻をむいて縦に割り、背ワタを取り除く。爪は殻をむき、白い汚れを除く。

ソース・アメリケーヌ

1 オマールの頭を半割りして砂袋を取り除き(コライユは別に取り置く)ハサミで3cm角適度に切る。
2 ニンニクのみじん切りをオリーブ油で炒め、1cm角に切ったニンジン、玉ネギ、セロリを加えて炒める。1の頭を加え、殻をつぶしながら火を入れる。トマトペースト、コライユを加え、さらに白ワインを加えて水分がなくなるまで煮詰める。
3 昆布水を加え、足りなければ全体がかぶる程度まで水を足す。きざんだトマト、コリアンダーを加えて約30分間煮る。シノワで、殻をつぶしながらしっかりと漉す。
4 鍋にとり、1/3量になるまで煮詰める。
5 生クリームを加えて、さらに半量になるまで煮詰めて、氷水にあてて急冷する。

皿の仕上げ

1 下ゆでしたオマールを、200℃のオーブンで5分間温める。
2 オマールの爪に卵白をつけてカダイフを巻きつけ、180℃の油で揚げる。塩、黒コショウをふる。
3 ドッグパンに切り目を入れ、ベビーリーフを挟んで、マヨネーズをぬる。
4 1に塩、黒コショウをふり、ソース・アメリケーヌ、エシャロットのコンフィ、ピクルスのみじん切りをからめてパンに挟む。2も挟む。

小エビと豚足のラグー、粒マスタード風味

豚足の下ゆで：すべて適量
豚足
玉ネギ
ニンジン
セロリ
ニンニク
白ワイン

調理と仕上げ：1皿分
小エビ　10尾
ゆでた豚足　70g
セロリ　8カット
エシャロット（みじん切り）　大さじ1
ニンニク（みじん切り）　小さじ1
白ワイン　少量
生クリーム　50ml
粒マスタード　小さじ1
イタリアンパセリ　少量
パプリカパウダー
塩、白コショウ

豚足の下ゆで

1　豚足を水からゆでる。沸騰したらザルに上げ、掃除する。
2　鍋に入れ、かぶる程度の水を入れる。少量の白ワイン、ニンニク1かけ、角切りにしたニンジン、玉ネギ、セロリ各適量を加え、弱火で竹串がすっと入るまで（約30〜40分間）ゆでる。
3　豚足を取り出し、粗熱が取れたら切り開いて骨を取り除く。2cm角にカットする。

調理と仕上げ

1　小エビの殻をむき、背ワタを取る。セロリを2cm角に着る。
2　フライパンにオリーブ油を引き、小エビを入れ、中火で炒める。塩、白コショウをふり、表面が白くなったらエシャロットとニンニクのみじん切りを加える。香りが出たら白ワイン、下ゆでした豚足、セロリを入れ、ワインのアルコール分をとばす。生クリームを加え、軽く煮込む。
3　仕上げに粒マスタード、イタリアンパセリを加え混ぜる。
4　皿に盛り、パプリカパウダーをふる。

コワタの燻製とホタルイカのクスクス仕立て

クスクスに見立てているのは、挽き割りトウモロコシ。「スプーンですくっていろいろな素材をひとくちで食べる」ことを想定したサラダで、味の濃いホタルイカ、歯ごたえが特徴のコワタ、ゆでた乾燥豆とフレッシュの豆…と、さまざまなコントラストを組み合わせています。

:1皿分
ホタルイカ 5はい
コワタ(マンボウの腸) 20g
　桜のチップ 適量
　グラニュー糖 適量
挽き割りトウモロコシ(炊いたもの) 50g
　オリーブ油、水 各適量
ヴィネグレット・ゼレス(p.61) 10ml
黒インゲン豆(ゆでたもの) 25g
青大豆(ゆでたもの) 25g
　ニンジン、玉ネギ、セロリ 各適量
ソース・ヴィネグレット(p.61) 適量
スナップエンドウ 2本
プチトマト 1個
ミントの葉 6～7枚
イクラ 適量
コンディマン・バジル 大スプーン1杯
塩、黒コショウ

コンディマン・バジル
バジルペースト
　バジルの葉 30g
　ローストスライスアーモンド 15g
　ニンニク 10g
　パルメザンチーズ(粉) 15g
　塩 2g
　E.V.オリーブ油 100ml
生クリーム 適量

1　ホタルイカをゆで、氷水にとる。毛抜きで軟骨、目玉、クチバシを取り除く。
2　コワタを塩でもみ洗いし、水からゆでてひと煮立ちさせる。火を止め、そのまま冷ます。水気をよくふき取り、網にのせる。
3　中華鍋にアルミ箔を敷き、桜のチップ、グラニュー糖を入れ、中火にかける。煙が上がったら2の網をのせ、ボウルをかぶせて3～4分間スモークする。幅5mmに切る。
4　挽き割りトウモロコシを炊き(オリーブ油を入れた小鍋で軽く炒め、2倍量の水を加えて蓋をかぶせ、沸騰したら160℃のオーブンで15分間加熱する)ボウルに移して冷ます。塩、黒コショウ、ヴィネグレット・ゼレスであえる。
5　ゆでた黒インゲン豆、青大豆(それぞれひと晩水に浸してもどし、香味野菜、塩とともに水からゆで、ゆで汁の中で冷ましたもの)の水気をきり、塩、黒コショウ、ソース・ヴィネグレットであえる。
6　スナップインゲンを塩湯でゆで、氷水にとる。幅7mmに切る。
7　皿にクスクスに見立てた4を盛り、豆を添え、ホタルイカ、コワタの燻製、スナップインゲンをのせる。1/4にカットしたプチトマト、ミントの葉とイクラを散らし、コンディマン・バジルを添える。

コンディマン・バジル

1　バジルペーストの材料をブレンダーで混ぜる。
2　生クリームを七分立てして、1を加えてさっと混ぜる。

Äta

アタ

掛川哲司

ブイヤベースは、フランスの魚介料理の中でいちばん有名ですが、ア・ラ・カルトでいつでも注文できるレストランは意外と多くありません。この店の狙いはそこ。素材主義、おいしさ本位の料理を、食べる人の気分で自由に選べる店。ブイヤベースとかブランダードとかイワシのマリネとか、皆が食べたい魚介料理がある店です。スタイルはカジュアル、味の精度はしっかり。自宅に招かれたような気分で、リラックスして食事を楽しめる店を目指しています。

できるだけ準備をしない

　魚の下処理に限らず、うちの店では営業前の仕込み作業をほとんどしません。営業時間は17時から深夜2時で、スタッフが揃うのは15時過ぎ。16時から皆で賄いを食べて、16時40分頃から営業モードに入ります。
　オーダーが入ったら魚をおろし、エシャロットをきざむところから始まり、一直線に仕上げに向かいます。ジャガイモのピュレも、オーダーごとに毎回つくる。もちろんア・ラ・ミニュートに完結する料理ばかりではなく、タラを塩漬けしたり、テリーヌをつくったり、野菜や魚をマリネしたりという仕込みの仕事はありますが、それも営業と同時進行。
　調理時間の長短にかかわらず「前倒しの作業」「保管のためのキープ」という考え方はしないこと。素材の風味を引き出す「タイミング」に忠実であるよう、いつも心がけています。だれでも失敗は怖いものですが、ぶっつけ本番の緊張感は、料理への集中力と瞬発力をアップさせます。つくり置きをしなければ、それを管理するストレスもない。このことも大きなメリットです。

「止まらない調理」

　魚介は水分が多いので火入れがデリケートです。風味が花開く頂点から、落ちていくスピードが速い。ブイヤベースはよい例で、魚のウロコを引き、イカを掃除するところから始まり、ベースのスープの状態と濃度、野菜の火入れ、魚介それぞれの火入れのタイミングがぴったりと合って、すべてが同時に煮上がったときがおいしさの頂点。煮返したら終わりです。だからこそ、魚介料理の場合はとくに「止まらない」ことが大切です。

仕込み

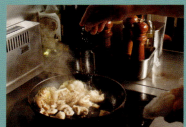

営業中にすべての仕込みと調理ができるのは、熱源がIHだから。熱の立ち上がりの早いので作業が迅速、かつ、室温に影響しない。オーブンだけガスを使用。

1. マグロの"うなじ"の注文が入り、マグロの頭から肉を切り出す。お客さんの目の前の作業は、ちょっとしたショウ。
2. 脳天肉を切り出して、ブロック状に。
3. ほほ肉とともに、塩をふってグリルパンで焼く。IHレンジ＋グリルパンという組み合わせの調理は、かなり多い。

1. ニシンのマリネに合わせる赤玉ネギの酢漬けの仕込み。赤玉ネギに塩、砂糖をふり、ぐいぐいともみ込む。塩で表面が傷つくことで味がしみこむので、ぬめりが出るまでしっかりと。最終的な料理の味のキレにつながる作業。
2. 赤ワインヴィネガーを加える。この状態でひと晩おく。

大きな魚の掃除

三浦から、内臓をぬいた状態で送られてきた1.7kgのスジアラ。

このサイズの魚なら一度に全部おろさず、片身だけおろす。おろす側だけウロコを掃除。

基本の調味料

塩の使い分け（レシピ内の表記）
塩　「伯方の焼塩」を使用。
粗塩　大粒の天日塩を使用。
マルドン塩　イギリス産のフレークソルト。

コショウ
使用の大半は黒コショウ（オーガニックのもの）。挽きたてで使用。

エラ下と尾に切り目を入れてから、腹側の〈尾→頭〉に包丁を入れ、背骨まで身をはずす。

背側は〈頭→尾〉に包丁を入れて、背骨まで身をはずす。

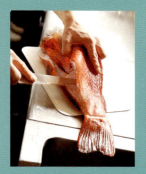
背骨の上に刃先を這わせて、片身をはずす。このあと小骨を抜く。

はずした片身と、頭と骨が付いたままの片身。ラップフィルムで包むとムレてしまうので、それぞれ直接アルミ箔で包んで冷蔵庫に保管する。

大きな魚は、下処理も半身単位で。

　魚介はおもに神奈川、三浦の佐島漁港からと、築地からとるものの二本立てで、テュルボやアンコウなどフランス産素材も使います。三浦からは仔クジラやマンボウなど、たまたま網にかかる珍しい素材も送ってもらっていて、想像力を働かせながら料理を構築していく楽しみがあります。
　どんなに新鮮な魚でも、ウロコを引くと鮮度の落ちは急に早まります。ですからできるだけ料理する直前までいじらず、最初のオーダーが入った時点でウロコを引くところから下処理にかかります。それが大きな魚で、その日に使いきらない見通しなら、おろすのは半分だけ。片面だけウロコを掃除して、内臓をぬき、身をはずし、残った骨付き半身はウロコもヒレもつけたままキープします。こうすると、鮮度のもちは確実に変わります。

真鱈のブランダード

干しダラの仕込み
マダラ
粗塩

ブランダード：約20皿分
干しダラ　2.2kg
牛乳　4L
オリーブ油　適量
ニンニク　3かけ
玉ネギ　500g
ジャガイモ　300g
シェリーヴィネガー　150ml
E.V.オリーブ油　250ml
白コショウ　適量
シブレットのみじん切り　適量
スモークオイル*　適量
バゲット　適量

＊米油をスモークにかけて香りづけしたもの。

干しダラの仕込み

1　マダラを掃除して三枚におろし、皮付きのフィレにする。
2　バットに粗塩を敷いてマダラのせ、表面にも粗塩をかぶせて全体を包みこむ。この状態で冷蔵庫に入れて水分を出していく。塩が湿ったら洗い流して新しい塩で漬けなおす、を繰り返す。
3　バットに水分がたまらなくなった時点で（約1カ月間）、塩漬け終了。水洗いはせず、そのまま約1カ月間、風干しする。
＊屋根のある風通しのよい戸外に1枚ずつ吊るしておく。
4　身がカチカチに乾き、においを嗅いで発酵臭がしてきたら完成。

ブランダードの調理

1　干しダラを、水に1日半浸けてもどす。皮を引き、小骨を抜く。
2　鍋に牛乳を入れて1を浸す。弱火で沸かしながら15分間煮る。いったんタラと牛乳に分ける。
3　別鍋にオリーブ油を引き、みじん切りにしたニンニクと玉ネギを炒める。薄切りしたジャガイモと2の牛乳を加え、煮る。
4　火が通ったらハンドミキサーで攪拌してピュレにする。2の干しダラを加え、繊維が残る程度にさらに軽く攪拌する。
5　弱火にかけて水分がとぶまで煮詰め、シェリーヴィネガーを加える。E.V.オリーブ油を加え、よく混ぜてつなぐ。白コショウを加える。
6　オーダーが入ったら70gをココットに入れる。スモークオイルをかけ、シブレットを散らす。バゲットの薄切りを添えて提供する。

　東京の長い残暑がようやく収まり、10月半ばをすぎると干しダラの仕込みシーズンです。北海道産のマダラを1カ月かけて塩漬けし、その後、戸外に干して1カ月。そして、年明け1月半ばからブランダードが登場。前菜というよりは、いつもテーブル上にある"パン&バター"感覚で、会話の合間、料理と料理の合間に適当につまんでいただきたい一品です。
　ブランダードで一番大事なのは、なめらかにしすぎないこと。豚のリエットと一緒で"繊維感"あってこそのおいしさです。仕上げにかけるスモークオイルが隠し味で、干しダラのおだやかで深い旨みを引き立てます。

あん肝テリーヌ

1 アンキモを一晩水に漬け、血抜きする。
2 ソミュールを用意する。容器に水、粗塩、グラニュー糖、スパイス、薄切りにした香味野菜を入れ、アンキモを完全に浸して、冷蔵庫内で3日間漬けこむ。
3 鍋に湯を沸かし、ソミュールから取り出したアンキモを入れ、沸騰する手前の温度（90℃）を保って、約10分間ゆでる。
4 アンキモを取り出し、水気をぬぐう。ヴェルモット酒をふりかけてテリーヌ型に詰める。重しをかけて、冷蔵庫で冷やし固める。
5 オーダーが入ったらアンキモをエスカロップに切る。皿に盛り、塩漬け生コショウをのせる。バゲット、青梅のシロップ煮（梅酒用に漬けた青梅を、梅酒＋シロップで煮たもの）、ブリード・モーの薄切りを添える。

アンキモは、フォワグラと似た性質をもった素材です。フォワグラと同じ視点でこの素材をとらえ、ソミュールでマリネ→ナチュラルに火入れ→型詰め、という手法でテリーヌにしました。

：テリーヌ型 1/2 台分
アンキモ　1kg
ソミュール
　水　1L
　粗塩　50g
　グラニュー糖　20g
　ニンジン、玉ネギ、セロリ　各適量
　クローヴ　5本
　スターアニス　1かけ
　白と黒のコショウ　各2g
ヴェルモット酒　10ml
青梅のシロップ煮
ブリード・モー
塩水漬け生コショウ*

*インドネシア産の生コショウ。商品名は「純胡椒」

魚のマリネと野菜のシンプルサラダ。赤玉ネギは酢漬けにしておきますが、その他の野菜は仕込みおきせず、その場でカット。切りたて野菜のフレッシュ感があってこそ、酢締めによる練れた味わいがきわ立ちます。酸味も複数組み合わせることで、単調ではないカラフルなおいしさを表現します。

ニシンのピクルス

ニシンのマリネ

1　ニシンを掃除して、フィレにする。重量の1％量のグラニュー糖と同1.2％量の粗塩をふって約6時間おく。
2　水気をふき取り、バットに並べる。玉ネギのみじん切り、白ワインヴィネガー、ディル、ジュニパーベリー、黒コショウを均一にふりかけ、マリネする。

赤玉ネギの酢漬け

1　赤玉ネギの角切りをボウルにとり、塩、グラニュー糖をふり、水が出てぬめりが出てくるまで、手でよくもみ込む。ハチミツ、赤ワインヴィネガーを加え、ひと晩漬け込む。

皿の仕上げ

1　ニシンを1.5cmのそぎ切りにする。キュウリに塩をふって板ずりし、叩いてひとくち大にする。トマトをくし形に切る。ボウルに合わせ、赤玉ネギの酢漬け、ケイパーベリー、E.V.オリーブ油、レモン汁を加え混ぜる。
2　器に盛り、ディルとピンクペッパーを飾る。

ニシンのマリネ：つくりやすい量
ニシン　5尾
粗塩
グラニュー糖
玉ネギ　50g
白ワインヴィネガー　約200ml
ディル　適量
ジュニパーベリー　適量
黒コショウ　適量

赤玉ネギの酢漬け：つくりやすい量
赤玉ネギ　1個
塩　12g
グラニュー糖　35g
ハチミツ　25g
赤ワインヴィネガー　200ml

皿の仕上げ：1皿分
ニシンのマリネ　20g
赤タマネギの酢漬け　50g
キュウリ　1/2本
トマト　1/4個
ケイパーベリー　10粒
レモン汁　10ml
E.V.オリーブ油　20ml
ディル、ピンクペッパー　各適量

あるときサバを酢締めするために塩でマリネしたら、うっかり漬けすぎてしまいました。失敗ですが、食べてみると、生ハムのようなテクスチャーでおもしろいのです。むっちりした歯ごたえの中からジワジワと味が出てくる。そこで塩に砂糖を加えて発色をよくし、漬け時間も正確にコントロールして、より生ハムらしくしました。サバですから凝縮した香りのクセは強めですが、そこがおいしい。モッツァレッラでマイルド感を補うことで、味のバランスが完成します。

鯖の生ハム、水牛のモッツァレッラ

:1皿分

サバハム 4切れ
 サバ（500g大）のフィレ
 グラニュー糖、粗塩
モッツァレッラ・ボッコンチーニ 2個
干し柿のウォッカ漬け＊ 適量
塩水漬け生コショウ 4粒
ディル 適量
マルドン塩、E.V.オリーブ油 各適量

＊干し柿をバニラのさやとともにウォッカにふた晩漬けたもの。

1　サバを掃除して、三枚におろす。

＊サバは「脂の少ない」ものが向く。脂が多いとなかなか塩漬けが進まない。

2　粗塩とグラニュー糖を2対1の比率で混ぜ、一部をバットに敷いてサバのフィレを並べ、表面にもかけて全体を覆う。ラップフィルムをかけ、冷蔵庫内で4日間〜1週間漬け込む。

＊水が出たらふき取り、粗塩とグラニュー糖で漬けなおす。水が抜け、芯までむっちりとかたくなった頃が漬けあがり。脂肪が少なければ4日、多いものは約1週間かかる。その後も漬けたままの状態で10日間ほど保存可能。

3　オーダーが入ったら表面の塩を水で洗い流し、キッチンペーパーでよくぬぐって、薄くスライスする。

4　モッツァレッラ・ボッコンチーニを半分に切って皿におき、各1切れのサバハムをのせる。カットした干し柿を添え、ディルと生コショウをのせる。マルドン塩、E.V.オリーブ油をかける。

＊フルーツは、季節に応じたものをつけている。

鯵のなめろう

:1皿分

アジ 1/2尾
松の実 10g
レーズン 5g
ドライトマト 5g
エシャロット 5g
コラトゥーラ
 （イタリア産の魚醤） 数滴
シェリーヴィネガー 適量
E.V.オリーブ油 適量
シブレット 適量
バゲット 適量
塩、黒コショウ 適量

1　アジを三枚におろし、皮を引く。身を包丁でたたく。
2　松の実、レーズン、ドライトマト、エシャロットをそれぞれみじん切りにする。まな板の上で1と合わせ、包丁でたたきながら混ぜる。コラトゥーラ、シェリーヴィネガー、E.V.オリーブ油を加え混ぜる。塩で味をととのえる。
3　セルクルを使って、またはスプーンでクネル形して、皿に盛る。シブレットのみじん切りをたっぷりとのせ、黒コショウを挽きかける。薄切りバゲットのトーストを添える。

味噌の代わりに松の実とレーズンを使ってアジに甘みとコクをプラスしています。本家・房総スタイルに「近すぎず、離れすぎず」、かつ赤ワインにも合うラインを狙ったなめろうです。

カニのワカモレ

カニ＆アヴォカドという王道コンビをワカモレディップにしました。そこにトウモロコシのチップではなく「えびせん」を合わせたのが、うちらしさ。甲殻類の香ばしさとサクサクの軽さが、相性ぴったりだと思います。アヴォカドは包丁で切り、エシャロットもエストラゴンもきざみたてを合わせることが、おいしいワカモレの基本条件です。

:1皿分
ズワイガニの身　30g
アヴォカド　130g
レモン汁　5ml
ライム汁　5ml
エシャロット　20g
エストラゴン　4g
生クリーム（乳脂肪分35％）　10ml
チリパウダー（以下を合わせる）　適量
　チリペッパー
　ガーリックパウダー
　オニオンパウダーチリパウダー
塩　適量
えびせん（市販・米油で揚げる）　25g
えび塩　適量
　サクラエビ
　マルドン塩

1　アヴォカドの皮をむき、果肉を1cm角に切る。氷水をあてたボウルに入れ、レモン汁、ライム汁であえ、エシャロットのみじん切り、エストラゴン、生クリーム、塩を加えてさらにあえる。冷やしておく。

＊アヴォカドを完全につぶさないように。ペーストではなく、適度に形の残ったディップにする。

2　ズワイガニを軽く蒸して身をほぐす。
3　冷えたワカモレをココットに盛り、温かいカニのほぐし身をたっぷりとのせる。チリパウダーをふりかける。
4　米油で揚げたえびせんに、えび塩（サクラエビを低温のオーブンで乾燥させてからミルミキサーにかけてパウダーにし、マルドン塩を混ぜたもの）とチリパウダーをふりかけて3に添える。

サンマで一番おいしいのは塩焼き。「内臓あってこそ」のあのおいしさを、フレンチ的に表現しようとして行き着いた1品です。シンプルに焼いた身と、赤ワインで煮た内臓を合わせただけ。スパイスは最小限に抑えて、サンマそのままの味を生かしています。そして本当のポイントは、仕上げに表面をカラメリゼしたこと。甘みを加えたことで、リエットの苦みにエレガントな奥行きが生まれました。

秋刀魚のリエット

:4皿分

サンマのフィレ　90g（正味）

赤ワイン　25g

サンマの内臓　20g

塩　適量

エシャロット　10g

グリーンペッパー　20粒

エルブ・ド・プロヴァンス　適量

黒コショウ　10挽き分

カッソナード糖　適量

薄切りバゲット　適量

1　サンマをフィレにおろし、内臓を取り出す。

2　赤ワインを5分の1量になるまで煮詰め、サンマの内臓を加えて、水分をとばしながら炒める。

3　サンマのフィレに塩をふり、フライパンでソテーする。骨をはずして、身をボウルに入れる。2の内臓、エシャロットのみじん切り、グリーンペッパー、黒コショウ、エルブ・ド・プロヴァンスを加え、つぶしながら混ぜる。

4　ココットに詰める。表面にカッソナード糖をふり、バーナーでカラメリゼする。

5　薄切りバゲットを添えて提供する。

ホタルイカと菜の花の お米サラダ

出発点は「いかめし」でした。あの香りとコクを料理として表現するにはどうしたら？ ホタルイカは甘酸っぱく煮て、あの独特の旨みにキレを出す。これに、ゆでたての菜の花の苦み、トマトの酸味を組み合わせます。それぞれに主張のある味のハーモニーが、ホタルイカを風味を品よく、力強く引き立たせます。自分で言うのもなんですけれど、味の構成によって素材の本質を生かせた！と思える自信作です。

ホタルイカのマリネ：つくりやすい量
ホタルイカ　1kg
ニンニク　25g
オリーブ油　115ml
乾燥赤トウガラシ　4本
白ワイン　250ml
赤ワインヴィネガー　150ml
グラニュー糖　50g
塩　適量

仕上げ：1皿分
ホタルイカのマリネ　35g
炊いたご飯（p.126）　35g
菜の花　10g
ドライトマト　10g
赤・黄パプリカ　各5g
エシャロット　5g
酢漬けケイパー　5g
E.V.オリーブ油　20ml
シブレット　適量

1　ホタルイカを掃除する。
2　ニンニクのみじん切りと赤トウガラシをオリーブ油で炒めて香りを出す。ホタルイカを入れてさっと炒め、白ワイン、赤ワインヴィネガー、グラニュー糖を加えて軽く煮る。塩で味をととのえ、冷やしておく。
3　ご飯をかために炊き（p.126「いさき・空豆・ムール貝」1の要領）、冷やしておく。
4　菜の花を塩ゆでして水気を絞り、7～8mm幅にきざむ。ドライトマト、パプリカを小角切りに、エシャロットとシブレットをみじん切りにする。
5　電子レンジで温めたご飯に、冷たいホタルイカとその煮汁、4の野菜、ケイパー、E.V.オリーブ油を合わせてあえる。

脱皮直後のイセエビは超レア食材。三浦の漁師さんの網にたまたまかかったときに送られてきます。せっかく殻ごと食べられるのですから、シンプルに丸揚げに。オリエンタル風味のサラダにします。

ソフトシェル伊勢えびのオリエンタルシュリンプ

:1皿分

ソフトシェルのイセエビ　1尾
　片栗粉　適量
　揚げ油　適量
紫芽キャベツ　5個
ニンニク　1/2かけ
セロリ　50g
トマト　1/2個
エシャロット　1個
ライムの皮　1/2個分
ライム汁　1/2個分
パプリカパウダー　適量
チリパウダー (p.116)　適量
コリアンダーの葉　1つまみ
塩、黒コショウ、E.V.オリーブ油　適量

1　ソフトシェルのイセエビをぶつ切りする。片栗粉をまぶし、180℃の油でこんがりと揚げる
2　紫芽キャベツも素揚げする
3　ニンニクのみじん切りをE.V.オリーブ油で炒めて香りを出し、バトンに切ったセロリを炒める。ボウルにとる。
4　3にトマトのくし切り、みじん切りしたエシャロット、ライムの皮を合わせ、ライム汁、パプリカパウダー、チリパウダーを加えてあえる。
5　4に揚げたてのイセエビ、紫キャベツを加えてさっとからめ、塩、黒コショウで味をととのえ、皿に盛る。コリアンダーの葉をたっぷりとのせる。

ツブ貝・春キャベツ

春キャベツ、新玉ネギが出始めると、貝の季節もスタート。春の香りをストレートにひと皿にしました。キャベツに火が入ってしんなりしたときに、貝にもちょうどよく火が入り、搾りたてのレモンの香りでスキッとまとまる…タイミングのよい、一気の調理でそれぞれの香り、フレッシュ感を生かします。

殻付き
カキフライ

皆が大好きなカキフライですが、そのまま1個、2個を出しても「商品」になりづらい…というわけで殻付きガキの身をはずして、ササッと衣揚げしました。玉ネギのコンフィの甘み、野菜ピクルスの酸味がソースがわりです。エスカベシュ風であり、生ガキ的ニュアンスもある、アタ風カキフライです。

帆立とキノコの
パピヨット

家庭料理のホイル焼きのようなイメージで、あえてシンプルに、季節の素材を包み焼きにしました。テーブルで包みを開いたときにふわーっと立ちのぼる「湯気」と「香り」が主役です。

ツブ貝・春キャベツ

: 1皿分

ツブ貝　2個
春キャベツ　1/2個
　バター（ブレゼ用）　50g
　ニンニク　1かけ
ベーコン　40g
新玉ネギ　60g
E.V.オリーブ油　10ml
バター　10g
白ワイン　5ml
生クリーム　60ml
レモン汁　適量
エストラゴンの葉　適量
塩、黒コショウ

1　ツブ貝の身を取り出し、塩をふってよくもみ、ぬめりを出して水で洗う。薄くそぎ切りする。
2　春キャベツをブレゼする。鍋にバター、半分に切った春キャベツ、塩、少量の水（70ml）を入れて火にかけ、蓋をして弱火で蒸し煮する（約10分間くらい）。
3　その間に、別鍋にE.V.オリーブ油とバター、つぶしたニンニクを入れて火にかけ、棒切りにしたベーコンを加えて炒める。色づいたら新玉ネギのスライスとツブ貝を加えてさっと炒め、白ワイン、生クリーム、レモン汁を加える。さっと沸かして、塩で味をととのえる。
4　キャベツが煮上がったら皿に盛り、3のソースをかける。きざんだエストラゴンを散らす。

帆立とキノコのパピヨット

: 1皿分

殻付きホタテ貝　2個
トリュフ　1/2個
マイタケ　60g
シイタケ　1個
ポワロー　少量
白ワイン　40ml
バター　20g
オリーブ油　40ml
トリュフ塩（市販）　少量
トリュフオイル　適量

1　ホタテの身を殻からはずし、緑色の部分、ヒモを取り除く。貝柱に塩をふってよくもみ、ぬめりを除いて、沸騰した湯にさっと通し、氷水にとる。水で洗い、汚れとワタをきれいに取り除く。
2　トリュフは角切り、シイタケをひとくち大に切り、マイタケを裂く。ポワローを薄切りする。
3　オーブン容器にオーブンペーパーを敷き、ホタテ貝柱とヒモ、3の野菜、その他の材料を入れて包み、口をねじる。250℃のオーブンで約15分間焼く。

殻付きカキフライ

:1皿分
殻付きのカキ　2個（殻は4個使用）
　　ビール　50g
　　小麦粉　30g
　　揚げ油
オニオン・コンフィ　スプーン2杯
ソース・ヴァン・ブラン　70ml
野菜のピクルス　スプーン2杯

オニオン・コンフィ：つくりやすい量
玉ネギ　1kg
バター　20g
オリーブ油　30ml
グラニュー糖　15g
赤ワインヴィネガー　少量
塩、黒コショウ　各適量

ソース・ヴァン・ブラン：つくりやすい量
エシャロット　75g
フュメ・ド・ポワソン　250ml
白ワイン　200ml
白ワインヴィネガー　80 ml
生クリーム　300ml
レモン汁　20ml
塩、白コショウ

野菜のピクルス：つくりやすい量
エシャロット　600g
セロリ　300g
ニンジン　300g
ベーコン　150g
白ワイン　300ml
白ワインヴィネガー　300ml
ハチミツ　100g
E.V.オリーブ油　300ml
レモン汁　50ml

1　カキの殻を開け、身をはずす。
2　ベニェの生地を合わせ、カキの身をくぐらせて180℃の油でさっと揚げる。たて半分にカットする。
3　カキの殻にスプーン1杯分の玉ネギのコンフィをのせ、カキのベニェを盛る。カキの切り口にソース・ヴァン・ブランをかけ、野菜のピクルスをこんもりと盛る。ディルを飾る。

オニオン・コンフィ

1　玉ネギを薄切りし、オリーブ油とバターを引いた鍋に入れる。グラニュー糖をふりかけ、赤ワインヴィネガー、塩、黒コショウを加えてアメ色になるまで強めの火で加熱し、コンフィにする。

ソース・ヴァン・ブラン

1　エシャロットのみじん切り、白ワイン、白ワインヴィネガーを鍋にとって沸かし、1/3量になるまで煮詰める。
2　フュメ・ド・ポワソンを加え、1/3量になるまで煮詰めて生クリームを加える。泡だて器で混ぜながらバターを加える。塩、白コショウで味をととのえ、レモン汁を加える。

野菜のピクルス

1　セロリ、ニンジンをせん切りに、エシャロットを薄切りにする。オリーブ油でベーコンとともに弱火で炒める。しんなりしたら白ワイン、白ワインヴィネガー、ハチミツを加え、沸騰させてアルコール分をとばし、火を止める。
2　バットなどに取り出し、E.V.オリーブ油、レモン汁をかける。

蕗のとうのフリット、桜鰯

フキノトウの風味の強さには、旨みのある、濃い塩気が合います。普通のアンチョビでもよいのですが、さらに春らしく、桜花オイルに漬け込んだカタクチイワシを添えました。

いさき・空豆・ムール貝

こんがり皮目を焼いたイサキの香ばしさがいい感じに自己主張して、初夏の香りハーモニーを盛り上げます。各要素の香りを最大に引き出してこそのハーモニーで、それにはキュイッソン（火入れ）のタイミングがすべて。貝と豆の火入れ、魚のグリルを同時に上げ、ノンストップで雑炊に仕上げます。

桜えびのタルトフランベ

サクラエビのいちばん美味しい食べ方は「かき揚げ」だと思います。だったらそれをフランス料理に落とし込むとしたら？　行き着いたのがタルト・フランベ（アルザス風ピッツァ）。同じ時期に出る新玉ネギの甘みが、生のサクラエビの繊細な旨みを引き立てます。ベーコンは使わず、ひたすらサクラエビをたっぷりとのせて、ほんのひとときの春の香りをアピールします。

蕗のとうのフリット、桜鯛

:すべて適量
カタクチイワシ
粗塩
桜花の塩漬け（市販）
E.V.オリーブ油
フキノトウ
薄力粉、炭酸水、揚げ油

1　カタクチイワシを掃除して、フィレにする。粗塩をまぶし、網の上に並べて脱水する。
2　水が出なくなったら、天日に2日間干す（手でつまんで、べたつかなくなるまで乾かす）。
3　容器に並べ、桜花の塩漬けとともにE.V.オリーブ油に漬ける。
＊約2週間は保存できる。
4　フキノトウを衣（薄力粉と炭酸水を重量比1対2で合わせたもの）にくぐらせて、揚げる。同じ油で桜花の塩漬けも揚げる。

いさき・空豆・ムール貝

:1皿分
イサキ（500g大）　フィレ1枚
ソラ豆　500g（さや付きで）
ムール貝　7個
ニンニク　5g
E.V.オリーブ油　30ml
白ワイン　30ml
炊いたご飯　30g
　米　1kg
　玉ネギ　1個
　白ワイン　50ml
　水　880ml
シブレット　適量
塩、白コショウ

1　ご飯を用意する。玉ネギのみじん切りをE.V.オリーブ油で透明になるまで炒め、米、白ワイン、水を加えて、かために炊き上げる。
2　ソラ豆の皮をむく。ムール貝をよく洗う。
3　イサキを三枚におろし、グリヤードで皮目のみを焼いておく。
4　ココット鍋にE.V.オリーブ油、ニンニクのみじん切りを入れて火にかけ、香りが出たら、ソラ豆、ムール貝を入れ、白ワインを加えて蓋をする。ムールの殻が開いたら火を止め、豆と貝を取り出す。
5　4の鍋にご飯を入れて平らにならし、3のイサキをのせ（皮を上に。スープに浸からないよう）、蓋をして魚にちょうど火が入るまで弱火で煮る（約3分間）。塩、白コショウで味をととのえ、火を止める。ムール貝とソラ豆をもどし、シブレットのみじん切りをたっぷりとのせる。鍋ごとテーブルに提供する。

桜えびのタルトフランベ

:1枚分
ピッツァ生地　90g
フロマージュ・ブラン　25g
新玉ネギ　1/2個
サクラエビ　35g
塩、黒コショウ
E.V.オリーブ油　適量
パプリカパウダー　適量

ピッツァ生地:つくりやすい量
強力粉　1kg
グラニュー糖　16g
イースト　16g
塩　12g
ぬるま湯　240ml

1　ピッツァ生地を、30cm×18cmにのばす。
2　表面にフロマージュ・ブランをぬり、新玉ネギのスライスを一面に敷き、サクラエビを一面にのせる。塩、黒コショウをふり、E.V.オリーブ油をふりかける。250℃のオーブンで15分間焼く。
3　仕上がりにパプリカパウダーをかける。

ピッツァ生地

1　強力粉を山型にして中央へへこみをつくり、グラニュー糖、イースト、ぬるま湯を入れる。ぷくぷくと反応してきたら、塩を加えてこね、均一の生地にする。
2　温かいところに30分間置いて、発酵させる。

旬のホワイトアスパラガスは、シンプルにゆでたてを提供するのがフレンチレストランの常道ですが、あえてそこから脱却。ゆでたアスパラをあえて1日、アサリのだしに浸して香りを移し、香りよいチャウダーをつくります。ゆでたてを1品料理にすると、それなりの本数を皿にのせないとサマになりませんが、"料理"にすれば1本で充分に季節を堪能できるという狙いです。

ホワイトアスパラガスのトリュフチャウダー

アサリのだし：600〜800ml
アサリ　1kg
白ワイン　200ml
セロリ　少量
エシャロット　少量
バター　30g

チャウダー：1皿分
ホワイトアスパラガス　1本
アサリだし　60ml
マッシュルーム　3個
生クリーム　60ml
コーンスターチ　適量
モッツァレラ　40g
トリュフオイル（市販）　少量
トリュフのスライス　適量
塩

1　アサリをよく洗う。
2　エシャロットとセロリのみじん切りをバターで軽く炒め、アサリを入れる。さっと炒めてすぐに白ワインを加え、蓋をして加熱する。殻が口をあけたら火を止める。水分が出るので、漉してだしとする。アサリは取りおく。
3　ホワイトアスパラガスの皮をむき、塩湯でゆでる。
4　湯から引き上げたら水気をきり、すぐにバットなどに並べてアサリのだしをかける。だしに浸けた状態でひと晩おく。
5　オーダーが入ったら、4のホワイトアスパラガスを4等分し、浸けたアサリだしとともに小鍋にとって火にかける。これにマッシュルーム、生クリームを加えて温め、コーンスターチで軽くとろみづけする。塩で味をととのえ、トリュフオイルを加える。
6　提供用ココットに移し、モッツァレラ、トリュフのスライスをのせて250℃のオーブンに10分間入れる。仕上がりにトリュフのスライスをのせる。

こんがり焼いた鯛のおかしらをタケノコと一緒に煮て、旨みと香りをひとつに。鯛にちょうどよく火が入るころにそれがジャガイモにしみこみ、軽く煮くずれて…。おいしさのイメージは"鯛の肉じゃが"です。なお、タイトルの「ユダヤ風」は本来アーティチョークの料理に使う言い方なのですが、"タケノコをアーティチョーク的に使う"というこの料理の出発点を表わしています。

:1皿分
マダイ(600g大)の頭　1個
タケノコ　70g
　米ヌカ　適量
ジャガイモ　1個
玉ネギ　1/2個
白ワイン　10ml
ニンニク　4かけ
フェンネルシード　5g
E.V.オリーブ油　50ml
イタリアンパセリ　適量
ルーコラ・セルバチコ　適量
塩、黒コショウ

鯛とタケノコとジャガイモのユダヤ風

1　マダイは、胸ビレ、腹ビレをつけた状態で、頭部を切り落とす。
2　タケノコはあらかじめ米ヌカを加えた水で、下ゆでしておく。
3　オーダーが入ったらジャガイモの皮をむいてひとくち大に切る。ゆでたタケノコを厚めにスライスし、玉ネギを適当にスライスする。
4　皮をむいて半割りにしたニンニクを、フェンネルシードとともにE.V.オリーブ油で炒めて香りを出し、マダイの頭をソテーする。両面をきれいに色づけたら3の野菜を加え、玉ネギがしんなりしたら白ワインを入れる。アルコールをとばして水をひたひたに加えて煮る。塩、黒コショウで味をととのえる。
5　皿に盛り、イタリアンパセリとルーコラ・セルバチコを添える。

131

鮎の塩パン包み焼き

アユ　1尾
パン生地　300g
　（以下はつくりやすい量での配合）
　強力粉　1500g
　薄力粉　1500g
　水　1650ml
　ベーキングパウダー　30g
　塩　400g
　乾燥タイム　1つかみ
ライム　1/4個
ライム汁と皮　適量
バイマックル（コブミカンの葉）　適量

1　アユを水洗いして、表面のぬめりを除く。水気をふき取る。パン生地（材料を合わせる）をアユよりひと回り大きい楕円にのばし、アユをおいてすっぽりと包み込む。魚の形に整える。
2　250℃のオーブンで約16分間焼く。
3　ライムの果肉をスライスしてこまかくきざみ、ライム汁、削ったライムの皮を加え混ぜてミニピッチャーに入れる。バイマックルを極細に切る。それぞれ薬味として添える。

テーブルでパンを切り開くと、アユの香りがウワッと立ちのぼります。塩釜がイメージなので、アユには直接塩をふらず、パン生地に強めに塩をきかせました。ライムと一緒に添えたバイマックルは、薬味として直接ふりかけます（タイで見つけた使い方です）。香りの相性がとてもよく、蓼酢とも異なる軽やかさで、アユの清涼感を引き立てます。

ブイヤベース

ベースのスープ：2皿分
魚のアラ（ホウボウ、イサキなど）　2kg
ニンニク（薄切り）　20g
玉ネギ　300g
セロリ　300g
トマトペースト　150g
白ワイン　400ml
ローリエ（乾燥）　2枚
コブミカンの葉　2枚
ハーブ水
　（水1L＋エルヴ・ド・プロヴァンス適量）
E.V.オリーブ油　適量

調理と仕上げ：1皿分
エビ　6尾
ヤリイカ　2はい
ムール貝　6個
ホウボウ　1尾
ナス　1本
赤パプリカ　1/4個
黄パプリカ　1/4個
ピーマン　1個
ベースのスープ　360ml
サフランパウダー　2g
イタリアンパセリ　適量
塩、黒コショウ

ベースのスープ

1　フライパンにE.V.オリーブ油とニンニクを入れて火にかけ、香りが出たら魚のアラを加え、強火で炒める。

＊ここで水分を完全にとばすことが大切。それが旨みになるので焦げ色もきれいにつける。

2　別の鍋にE.V.オリーブ油をひき、1のアラ、薄切りした玉ネギとセロリを入れ、中火で炒める。トマトペーストを加え、さらに白ワイン、ローリエ、コブミカンの葉を加え、アルコール分をとばす。

3　同時進行でハーブ水をつくる。鍋に湯を沸かしてエルヴ・ド・プロヴァンスを入れ、火をとめる。蓋をして4分間蒸らす。これを2の鍋に加え、30分間弱火で煮出す。

＊ハーブを直接入れて加熱するとエグミが出るので、香りだけを抽出したハーブ水でつくって煮出す。

4　シノワで漉す。このとき材料を木べらでシノワに押し付けながら漉し、最後の1滴までしぼりとる。

調理と仕上げ

1　エビの頭と殻と背ワタを掃除する。ムール貝は洗ってヒゲを除く。ヤリイカは足とワタを掃除する。

2　ホウボウを掃除して、250℃のオーブンで5分間焼く。

3　2のホウボウ、食べやすい大きさに切ったナス、パプリカ、ピーマンを鍋に入れ、ベースのスープを注ぐ。サフランパウダーも加え、野菜に火が入るまで煮る。魚、野菜とも引き上げて皿に盛る。

4　このスープにムール貝、ヤリイカ、エビを入れてさっと煮る。塩、黒コショウで味をととのえる。

5　4の魚介も皿に盛りつけ、スープを流す。イタリアンパセリを散らす。

当店の看板、マルセイユの「ブイヤベース憲章」にのっとった（つまり、オマールや伊勢えび入りの豪華版ではなく、本来の磯魚を使った）王道スタイルのブイヤベースです。材料や手順は基本どおり、とはいえ①冷凍ではない新鮮なアラを使う、②アラを完璧にソテーする、③最短の火入れ時間、煮返さない…等々、プロセスのひとつひとつを日々突き詰めています。明確な狙いと丁寧さの積み重ねがあってこそ香り高い仕上がりが得られることを実感する1品です。

鰯のガスパチョ

イワシのコンフィ：つくりやすい量
イワシ（15cm大）　10尾
E.V.オリーブ油　300ml
ニンニク　3かけ
タイム（フレッシュ）　1枝
ローズマリー（フレッシュ）　1枝

ガスパチョ：つくりやすい量
トマトジュース　1L
キュウリ　250g
玉ネギ　100g
パン　50g
レモン汁　10ml
E.V.オリーブ油　100ml
トマト　2個
タバスコ、塩　各適量

仕上げ：1皿分
イワシのコンフィ　1尾
ガスパチョ　80ml
ワカモレ（p.116の1）　スプーン1杯
シブレット（みじん切り）　適量

イワシのコンフィ

1　イワシのウロコを引き、内臓を掃除する。塩をふり、ひと晩おく。
2　E.V.オリーブ油、ニンニク（皮付き）、タイム、ローズマリーを鍋に入れ、火にかける。ふつ、ふつと静かに沸いたところにイワシを入れ、その火加減を保ちながら7〜8時間加熱する。
3　オイルごと容器に移して保存する。

ガスパチョと仕上げ

1　ガスパチョ材料（塩とタバスコ以外）を合わせてミキサーにかける。塩、タバスコで味をととのえる。冷蔵庫で冷やしておく。
2　オーダーが入ったらイワシをオイルから引き上げ、オーブンで温める。さらにガスバーナーで表面をあぶる。器にガスパチョを盛り、中央にワカモレを盛ってイワシを置く。シブレットをかける。

焼きたてのイワシの熱々を、冷たいガスパチョにのせて。イワシの苦みと塩気、ガスパチョの爽快感がお互いを引き立てます。

帆立とサマートリュフのエクラゼ

:1皿分
ホタテ貝柱　2個
ジャガイモ　1/3個
バター　30g
塩　適量
焼きトウモロコシのカット　1/6本分
フロマージュ・ブラン　40g
シブレット　適量
サマートリュフ　適量
トリュフ塩（市販）　適量

1　ジャガイモの皮をむいてひとくち大に切る。ゆでて、ボウルにとる。塩、バターを加えてあえ、粉ふきいもの要領でざっとくずす。
2　トウモロコシをゆでて粒の部分をそぎ切りにする。グリルパンで焼く。
3　ホタテ貝柱をグリルパンで焼いて表面に焼き目をつけ、芯は半生に仕上げる。
4　フロマージュ・ブランを泡立て器でかきたて、ふわりとさせる。皿に敷き、ホタテ、ジャガイモを盛り合わせる。トウモロコシをのせ、シブレットのみじん切り、サマートリュフのスライス、トリュフ塩を散らす。

この皿の主役はじつはジャガイモとバター。これに、相性のよい焼きトウモロコシと、ホタテのグリルを添えました。イメージは「夏祭りのジャガバタ」。シンプルだからこそおいしい組み合わせです。

セウタ

スルメイカとその内臓をトマトペーストとたっぷりのスパイスで煮込み、最後に揚げナスを加えました。以前都内の地中海料理店で食べた味をヒントに、素材も調理法も自分なりにアレンジしたものです。「イカの塩辛」的な濃密な旨みとスパイシーさが混ざった、奥深い味わい。セウタはモロッコ北部のスペイン領の地名で、アフリカン・スパニッシュテイストを表わしているそうです。

セウタのベース：つくりやすい量
スルメイカ　1kg
玉ネギ　800g
セロリ　200g
ニンニク　25g
チリパウダー（p.116）　適量
パプリカパウダー　適量
カイエンヌペッパー　適量
カレー粉　適量
塩　適量
グラニュー糖　少量
トマトペースト　200g
白ワイン　200ml
E.V.オリーブ油　適量

仕上げ：1皿分
セウタのベース　170g
ピーマン　10g
ナス　50g
米油　適量
ブラックオリーブ（種なし）　12g
ベーコン　15g
シュレッドチーズ　10g
塩、黒コショウ

セウタのベース

1　スルメイカを掃除して、胴と足を角切りにする。肝を取りおく。
2　玉ネギとセロリのみじん切りをE.V.オリーブ油でアメ色になるまで炒める。
3　ニンニクのみじん切りをE.V.オリーブ油で炒めて香りを出し、イカの肝を加えて炒める。イカの身を加え、水分がとぶまで炒める。スパイス類、塩、グラニュー糖、トマトペーストを加え、軽く炒める。香りが出たら白ワインを加えて、軽く煮立てる。
4　2の玉ネギを加え、全体がつかる程度に水を足して（分量外）、ソースと玉ネギのひとつになって同じ色になるまで煮る（約30分間）。塩で味をととのえる。

仕上げ

1　ピーマンを細切りに、ナスを角切りにし、米油で素揚げにする。ブラックオリーブを半分に切り、ベーコンを棒切りにする。
2　これらをセウタベースに加えて温め、塩、黒コショウで味をととのえる。
3　ココットに盛り、シュレッドチーズをかけて250℃のオーブンで7分間焼く。

＊セウタの濃い味を、ナスのニュートラルな風味がほどよくやわらげ、しかもソースを吸ってナス自体がおいしくなる。ピーマンはテクスチャーのアクセントとして。夏場はトウモロコシを加えることもある。

穴子と
フォワグラ田楽

「赤ワインに合う魚料理」の王道。アナゴは強火で焼いて焦げ味をつけ、フォワグラ、赤ワインソースとのバランスをとっています。サービス時にタイムの枝を燃やし、夏らしいスモーキーな香りを添えます。

あんこうのアスピック

フランス料理の古典、ウサギ肉を使ったアスピックの魚介版、といえるでしょうか。アンコウを水から炊いておいしいだしをとり、野菜とともに煮凝りにした一品。質の高い素材でクリアなだしをとり、複雑にしすぎず、素直に、豪快に提供します。

マグロの"うなじ"

"うなじ"という色気のある言葉を使ってみましたが、実際に使うのは、マグロの脳天とほほ肉です。脳天は筋肉がまったくないツヤツヤした赤身肉で、反対にほほには筋肉があり、バヴェットのような感じ。それぞれ表面を焼いて「たたき」にし、チーズと一緒にサラダ菜で巻いて食べます。赤身の旨みをリッチな乳脂肪が膨らませて、ちょっとカルビ的なおいしさです。焼き肉風の手づかみの食べ方は「フレンチらしからぬ楽しさ」で、この皿の人気とおいしさに一役買っています。

穴子とフォワグラ田楽

アナゴの仕込み：つくりやすい量
アナゴのフィレ（正味200g）　12枚
白ワイン　100ml
塩

ソース：つくりやすい量
グラニュー糖　50g
赤ワインヴィネガー　30ml
赤ワイン　300ml
バルサミコ　30ml
アナゴのフォン*　150ml
蒸したアナゴのジュ　100ml
塩、黒コショウ

仕上げ：1皿分
蒸したアナゴのフィレ　1枚
米ナス　1/2個
フォワグラ　60g
ソース　30ml
バター　10g
E.V.オリーヴ油　適量
塩、黒コショウ
タイムの枝

*アナゴの骨を炒め、適量の香味野菜、トマトとともに水から煮出し、漉したもの。

アナゴの仕込み

1　アナゴを腹から開き、内臓を掃除する。湯通しして、皮のぬめりをこそげとる。
2　バットにのせて両面に塩をふる。白ワインをふりかけてラップフィルムをかけ、100℃のスチームコンベクションオーブンで30分間蒸す。アナゴから落ちたジュ（汁）をソース用に取りおく。

ソース

1　鍋でグラニュー糖をカラメリゼし、焦げる直前に赤ワインヴィネガーを加えてガストリックをつくる。赤ワイン、バルサミコを加えて軽く煮立て、アナゴのフォンを加えて半量になるまで煮詰める。
2　これに、仕込み時に出たアナゴのジュを加え、ツヤが出るまでさらに煮詰めて、塩で味をととのえる。

仕上げ

1　オーダーが入ったら、米ナスを縦割りにし、E.V.オリーヴ油をかけてオーブンで焼く。
2　蒸しアナゴを充分に熱したグリルパンに置き、焼き目をつけながらバリッと焼きあげる。
3　フォワグラをエスカロップに切り、塩、黒コショウをふってグリルパンで焼く。
4　ソースを小鍋にとって温め、バターでモンテする。
5　プレートに1を盛り、グリルしたアナゴ、フォワグラを重ねる。ソースをたっぷりとかける。タイムを添え、客前で火をつけて煙を立たせる。

あんこうのアスピック

:つくりやすい量
アンコウ 1尾
玉ネギ 1/2個
セロリ 50g
ピーマン 30g
赤・黄パプリカ 各1/2個
ベーコン 20g
水 300ml
板ゼラチン 3枚
塩、黒コショウ 各適量
トマト 1個
酢漬けケイパー 10g
コルニション 10g
ディル 適量
エストラゴン 適量
イタリアンパセリ 適量
粒マスタード 20g
E.V.オリーブ油 適量

1　アンコウを掃除し、皮を引く。皮、腸、胃袋をさっとブランシールして氷にとり、ぬめりをとる。
2　肝臓に白ワインをふって蒸す。アンコウの身は骨をはずしてダイス状に切る。1の皮、内臓も同じくらいの大きさにきる。
3　肝臓以外の部位を鍋に入れる。ダイスに切り揃えた玉ネギ、セロリ、ピーマン、パプリカ、ベーコンを入れ、水を加えて、弱火で煮る。
4　野菜がやわらかくなったらふやかした板ゼラチンを加え溶かす。塩、黒コショウで調味してボウルに移し、冷やし始める。
5　ある程度冷えてとろみがついたら、ダイスに切った肝臓とトマト、ケイパー、コルニション、ハーブ類、マスタードを加え混ぜ、冷やし固める。
6　オーダーが入ったら、5を大きなスプーンですくってプレートに盛りつける。ソース・ヴィネグレットであえたサラダ（分量外）を添え、E.V.オリーブ油を周りに流す。

マグロの"うなじ"

1　マグロ頭肉から、脳天とほほの赤身を切り出す。
＊皮が硬いので、並刃の短いナイフを使う。1頭からそれぞれ約15皿分がとれる。
2　それぞれブロックに切り出し、塩をふり、油を引かないグリルパンで表面全体に焼き色をつける。
3　フライパンでバターを焦がし、エシャロットのみじん切りを加える。すぐに2の両マグロ肉を入れ、シェリーヴィネガー、マスタードを加えてからめる。取り出してそれぞれ厚さ1cmに切り分ける。
4　皿にサラダ菜を敷いてマグロの脳天とほほ肉を並べ、フライパンに残ったソースをかける。塩をふり、黒コショウを挽きかける。シブレットのみじん切り、グラナ・パダーノの薄切りを散らす。

:1皿分
マグロの脳天肉 50g
マグロのほほ肉 50g
塩
バター 10g
エシャロット 10g
シェリーヴィネガー 10ml
マスタード 3g
サラダ菜 1/2株
シブレット 適量
塩、黒コショウ 20g
グラナ・パダーノ 20g

ミンク鯨肉のタルタル

:1皿分
クジラ赤身　50g
エシャロット　10g
酢漬けケイパー　4g
イタリアンパセリ　少量
リーペリンソース　1g
タバスコ　1g
ニンニクオイル*　1g
パルミジャーノ　2g
シブレット　適量
塩、黒コショウ
バゲット　適量

＊オリーブ油にニンニクを入れ、低温で1時間加熱して香りを移したもの。

1　クジラ赤身のさく（1本約2kg）を適当な大きさに切り分け、ブロックごとにペーパーに包む。バットに置いて重石をし、1週間（毎日ペーパーを取り替える）冷蔵庫でねかせる。

＊新鮮な状態では血の味がダイレクトすぎるので、まず1週間かけて血抜きと熟成を行なう。血が抜けると、ねっとりとした旨みが出てくる。

2　オーダーが入ったら1から使用量を切り分けて細切りし、包丁で叩いてミンチにする。

3　エシャロットをみじん切りに、トマトを角切りにして、2と混ぜる。ニンニクオイル、リーペリンソース、タバスコ、きざんだケイパーを加え混ぜ、塩、黒コショウで味をととのえる。

4　提供用プレートに盛り、マイクロプレーンですりおろしたパルミジャーノをたっぷりとのせる。シブレットのみじん切りをのせる。バゲットの薄切りトーストを添える。

「クジラがあるの？」と、初めてのお客様はびっくりします。常時あるものではありませんが、シーズン中に1～2回クジラが揚がると（夏はツチクジラ、冬はミンククジラ）、漁港から連絡があります。ミンククジラなら赤身はタルタルに、スペアリブはグリルしてイカワタのソースをつけて、皮と横隔膜はトリッパ風の煮込み料理にしています。今回使ったのは伊東沖に定置網にかかった500kg大の仔クジラ。身はピンクがかった赤色で、仔牛のような味わい。血の風味はかなり強く、食べると香りがすっと鼻にぬけていくところが独特です。

アンコウはもともと旨みの強い魚ですが、とりわけ頬の部分は、咀嚼のために動かす部位だけあってホタテのような甘みと、ムキムキした心地よいテクスチャーがあり、白身肉のような食べごたえです。むしゃむしゃと口いっぱいに味わってほしい個性なので、豪快に丸ごとのフリットにしています。

あんこうのほっぺ

：1皿分
アンコウのほほ肉　150g
　　薄力粉　30g
　　ビール　50ml
塩、揚げ油　各適量
リゾット　70g
ソース・ヴァン・ブラン（p.123）　70ml
黒コショウ、花ザンショウ　各適量
コリアンダーの葉　適量

リゾット：つくりやすい量
玉ネギ　1個
米（カルナローリ）　1kg
E.V.オリーブ油　60ml
水　880ml
白ワイン　50ml
バター　30g

1　アンコウのほほ肉を掃除する。
2　薄力粉をまぶし、衣（薄力粉をビールでとく）にくぐらせ、揚げる。
3　皿にリゾットを盛り、揚げたてのアンコウをのせる。ソース・ヴァン・ブランをたっぷりとかける。黒コショウを挽きかけ、花ザンショウ、コリアンダーの葉を散らす。

リゾット

1　玉ネギのみじん切りをE.V.オリーブ油で透明になるまで炒め、米を加える。さっと炒めて白ワインを加え、水を加えて煮る。
2　仕上げにバターを加え混ぜ、塩で味をととのえる。

白子のベニェ、ナガイモのグレック（酢漬け）、玉ネギのフォンデュの組み合わせです。揚げたてのベニェは熱々で、カリッとした衣からクリーミーな白子がとろり。ナガイモはサクサクで、酸味さわやか。玉ネギは温かく、やさしく、甘く…。温度の違い、歯ごたえの落差、濃密な味と軽い味など、さまざまな対比で白子の味をクローズアップしています。

白子のフリット

:1皿分
マダラの白子　30g大×2個
　塩、ヴィネガー（下ゆで用）　各少量
小麦粉　少量
ベニェの衣　適量
　小麦粉　30g
　ビール　50g
トマト　20g
ナガイモのグレック　25g
E.V.オリーブ油　5ml
酢漬けケイパー　3g
イタリアンパセリ　少量
黒コショウ　少量
オニオン・コンフィ　25g

ナガイモのグレック：つくりやすい量
ナガイモ　1/2本
ニンニク　1/2かけ
コリアンダーシード　5g
乾燥赤トウガラシ　1本
クローヴ　1個
ローリエ（乾燥）　1枚
白ワイン　適量
合わせ酢
　赤ワインヴィネガー　200ml
　グラニュー糖　30g
　ハチミツ　30g
　塩　10g
E.V.オリーブ油　適量

オニオン・コンフィ：つくりやすい量
玉ネギ　1.5kg
塩、黒コショウ
グラニュー糖　25g
シェリーヴィネガー　20ml
バター　20g
E.V.オリーブ油　20ml

1　マダラの白子を、塩と白ワインヴィネガーを加えた湯でさっとゆで、氷水に取る。すぐに水気をふき取る。
2　薄力粉をまぶし、ベニェの衣（薄力粉＋ビール）にくぐらせて、米油で揚げる。
3　ボウルにナガイモのグレック、トマトの小角切り、ケイパー、イタリアンパセリを合わせる。塩、黒コショウで味をととのえ、E.V.オリーブ油を加える。
4　オニオン・コンフィを温めて皿に盛り、揚げたての白子のフリットをのせる。3のソースをかける。

ナガイモのグレック

1　ナガイモの皮をむき、バトンに切る。
2　鍋にE.V.オリーブ油、ニンニクのみじん切り、コリアンダーシード、赤トウガラシ、クローヴ、ローリエを入れて火にかけ、香りが出たら、ナガイモを入れてさっと炒める。白ワインを加えて煮立て、合わせ酢を加える。E.V.オリーブ油をひと回し分加え、ひと煮立ちさせて火を止める。そのまま冷ます。
3　冷蔵庫でひと晩やすませる。

オニオン・コンフィ

1　玉ネギを薄切りする。
2　鍋にバターとE.V.オリーブ油を引き、玉ネギの薄切りを入れる。塩、黒コショウ、グラニュー糖、シェリーヴィネガーを加えて、きれいなアメ色になるまで強めの火で約1時間加熱する。

テット・ド・フロマグロ
（マグロあご肉の揚げテリーヌ）

テリーヌ
：17cm×11cm×5.5cmの型1台
マグロのあご肉　3頭分（約500g×3）
　玉ネギ　50g
　セロリ　25g
　ニンニク　1かけ
　ローリエ（乾燥）　2枚
　白ワイン　50ml
ニンニク　少量
エシャロット　1個
酢漬けケイパー　20g
イタリアンパセリ　適量
E.V.オリーブ油、塩、黒コショウ　各適量

ミネストローネ：4〜5皿分
ベーコン　100g
ニンニク　1かけ
ニンジン　50g
玉ネギ　250g
セロリ　100g
水　約250ml
塩、E.V.オリーブ油　各適量

仕上げ：1皿分
マグロのテリーヌ　80g
小麦粉、とき卵、パン粉　各適量
バター　適量
E.V.オリーブ油　適量
ミネストローネ　120g
フキノトウ　2個
粒マスタード　適量
シブレット　適量

マグロのテリーヌ

1 マグロのあご肉を、熱湯で2度ゆでこぼす。氷水にとって冷まし、皮の銀色の部分は臭みがあるのでよく洗う。
2 バットにとり、薄切りした玉ネギ、セロリ、ニンニクとローリエをのせ、白ワインふりかける。ラップフィルムをかけ、100℃のスチームコンベクションオーブンで約30分間蒸す。
＊ゆでるのはNG。マグロのゼラチン質が溶け出してしまう。
3 マグロを取り出し、皮から身をこそげ取る。黒い部分と腱は身とともに使う。長すぎる腱をカットする。
4 フライパンにニンニクのみじん切りとE.V.オリーブ油を入れて火にかける。香りが出たらマグロを入れ、ひと混ぜして酢漬けケイパー、エシャロットのみじん切り、イタパセリアンパセリを入れ、まぜる。塩と強めの黒コショウで調味する。
5 これを型に詰めて重しをかけて、冷蔵庫で冷やし固める。

ミネストローネ

1 ニンニクのみじん切りとベーコンの棒切りをE.V.オリーブ油で炒め、角切りしたニンジン、玉ネギ、セロリを加えてさらに炒める。ひたひたに水を注いで野菜に火が通るまで煮る。塩で味をととのえる。

仕上げ

1 オーダーが入ったら、マグロのテリーヌを縦長にカットし、小麦粉、とき卵、パン粉の順にまぶして、E.V.オリーブ油とバターを同量ずつ引いたフライパンで、揚げ焼きにする。
2 必要量のミネストローネを火にかけ、フキノトウの薄切りを加えてサッと煮る。仕上げにE.V.オリーブ油を加える。
3 器によそい、**1**をのせ、粒マスタードとシブレットの小口切りをのせる。

イメージは「テット・ド・フロマージュ(豚かしら肉の揚げテリーヌ)のマグロ版」。マグロは、コラーゲンに富んだ下あご肉を使います。ケイパーの旨みと塩気と酸味がアクセンです。豚ならレンズマメの煮込みを添えるところ、ここは季節野菜のミネストローネを敷いて、ほどよい汁気と春の香りを添えます。

個性派ビストロの魚介料理

初版印刷　2015年8月5日
初版発行　2015年8月15日

著者©　　佐藤幸二
　　　　　山田武志
　　　　　掛川哲司

発行者　　土肥大介
発行所　　株式会社　柴田書店
　〒113-8477
　東京都文京区湯島3－26－9　イヤサカビル
　電話　営業部03-5816-8282（注文・問合せ）
　　　　書籍編集部　03-5816-8260
　URL　http://www.shibatashoten.co.jp

印刷・製本　凸版印刷株式会社
ISBN 978-4-388-06214-0

本書収録内容の無断掲載・複写（コピー）・引用・データ配信等の行為は固く禁じます。
乱丁・落丁本はお取替えいたします。
Printed in Japan